I FEEL PRETTY

I FEEL PRETTY

아이필 프리티

초판 1쇄 인쇄 2018년 12월 7일
초판 1쇄 발행 2018년 12월 15일

지은이 | 류도형, Kevin Were
펴낸이 | 조치영
펴낸곳 | 스크린영어사
편집주간 | 스크린영어사 편집부
디자인 | 류형태 (주)코치커뮤니케이션
경영지원 | 정연희
인 쇄 | 삼성인쇄

주소 서울 특별신 관악구 신림로 137
전화 (02) 887-8416
팩스 (02) 887-8591
홈페이지 www.screenplay.co.kr

등록일자 1997년 7월 9일
등록번호 제 16-1495

ISBN 978-89-6415-076-4 18740
ISBN 978-89-87915-11-1 (세트)

아이 필 프리티

I FEEL PRETTY

스크린영어사
Screen English Publishing co.

〈I feel pretty〉를 시작하며

영화 'I feel pretty'는 2018년에 개봉된 작품으로 '악마는 프라다를 입는다' 제작진이 똑같이 참여했다는 사실만으로 국내에서는 관심을 모았었다. 이 작품은 국내에서 개봉된 적이 있는 '미녀는 괴로워'와 유사한 스토리 라인을 가지고 있다. 차이가 있다면 'I feel pretty'는 스스로 미인이라고 생각하는 것이 중요하다는 메시지를 주고 있고 '미녀는 괴로워'는 성형수술로 얼굴을 바꿨지만 세상 사람들이 겉 모습만 보고 사람을 평가하는 것에 회의를 느낀다는 메시지를 주고 있다.

영화를 통해서 영어를 학습한다면 과연 어느 정도 영어가 신장될지 궁금할 것이다. 혹자는 영화는 듣기에도 좋고 생활표현이 많아서 말하기에도 도움이 된다고 한다. 대본을 읽으면 읽기에도 좋고 소감을 쓰면 쓰기에도 좋아서 결국 영화는 영어능력을 종합적으로 향상시켜주는 매체라고 할 것이다. 이런 일반적인 관점에서의 영화의 장점은 이외에도 다양하다.

최근의 학자들이 외국어 능력의 향상에 대해 가지고 있는 생각을 살펴보면, 그들은 외국어 능력을 향상시키려면 새로운 언어형태에 대한 관심을 높여야 한다고 주장을 한다. 예를 들어 보자. 최근에는 엄청나게 큰 건물도 쉽고 빠르게 짓는다. 이미 조립된 건물의 부분들을 쌓아 짓기 때문에 어렵지 않고 빠르게 건물을 완성을 한다. 외국어를 배우는 것도 조립된 부분들을 많이 배워 나가는 과정이라고 보고 있다. 이것을 말뭉치(chunk)라고 학자들은 부른다.

예전에는 문법을 배우고 개별적인 단어들을 배우면 외국어 학습은 되는 것으로 생각을 하였다. 지금은 말뭉치를 배우면 자동적으로 문법이 배워지고 개별적인 단어들도 배워진다는 연구결과들이 발표되고 있다. 말뭉치란 마치 하나의 단어인양 간주하는 언어형태를 말한다. 문법에 의존하지 않아도 전체적인 의미가 쉽게 파악되고 마치 하나의 단어를 말하는 것 같이 되면 그게 말뭉치이다.

'How are you?' 는 전형적인 말뭉치이다. 문법적으로 분석할 필요도 없이 하나이 단어처럼 사용하고 있기 때문이다.

그런데 어느 것이 말뭉치인지 구분하기가 어려울 수가 있다. 말뭉치의 조건은 첫째, 문법에 의존하지 않으며 둘째, 하나의 단어처럼 간주하는 것이다. 문법에 의존하지 않는 것은 첫 눈에 전체 의미가 들어오면 맞는 것이다. 예를 들어 'I love you' 를 문법적으로 해석하는 사람은 없을 것이다. 이것은 말뭉치이다.

문제는 둘째 조건인 하나의 단어처럼 취급할 수 있는 지이다. 하나의 단어로 간주가 되면 이 언어형태를 언제 어디서 사용하는 것인지를 알아야 한다. 이와 같은 지식을 가지기 위해서는 언제 어디서 사용하는지를 판단할 문맥이 필요하다. 영화 제목인 'I feel pretty' 는 주인공이 스스로 예쁘다고 생각하는 것이 중요한 것임을 깨닫게 되는 문맥을 통해서 사용하게 될 말뭉치이다. 'How are you?' 나 'I love you' 와 같은 말뭉치는 굳이 문맥이 없어도 쉽게 사용할 수 있지만 다수의 말뭉치는 문맥을 알아야 사용할 때 자신이 생긴다.

문맥이라고 하면 영화만큼 단단한 문맥을 가진 영어학습 교재도 드물다. 영화를 통해서 많은 말 뭉치들을 발견해 내어 대화에서 사용할 수 있게 된다면 훌륭한 대화자로 변신하게 될 것이다. 영화의 대본은 시나리오 전문가들이 만든 것이어서 왠만한 원어민의 말 속에 나타나는 말뭉치들보다 멋진 말뭉치들을 여러분들에게 선사할 것이다. 최신 이론에 맞추어 영화로 영어를 공부하기를 추천하는 바이다.

류도형

Contents

콜론(:)의 용법

한국어에는 거의 없는 용법이지만 영어에서는 많이 사용되는 중요한 용법이니 잘 알아두자.

1. 콜론 앞은 붙이고 (한 칸 띄우면 안 됨) 콜론 뒤는 반드시 한 칸 띄워야 한다.
2. 보통 3개 이상을 나열할(list) 때 콜론을 사용한다.
3. 콜론 앞의 문장이 완벽한 문장(complete sentence)이어야 한다.
    · 콜론 앞이 명사로 끝나거나
    · 콜론 앞이 the following 또는 as follows로 끝나야 한다.
4. 나열되는 명사들은 콤마(,) 또는 세미콜론(;)으로 구분해준다.

예: I have three favorite actors: Paul Newman, Woody Allen, and Harrison Ford.

We took the following: a tent; two sleeping bags; and a lantern.

아이 필 프리티

I FEEL PRETTY

Chapter 1

르네의 옛 모습

The old Renee

시간 00:00:00~00:12:15

BEFORE THE OPENING CREDITS START.

A blurred scene of people moving around starts to come into focus. There's a big sign in yellow on the back wall saying Soul Cycle and the people are all young women in gym clothes. Bare arms, tops cut low in the back, bare midriffs, pony tails. They mostly have their backs to the camera and are standing talking. Renee appears in a translucent, slightly ghostly form facing the camera directly and walking towards us. She's dressed in a pink, long-sleeved sweatshirt, which contrasts with all the tank-top style of clothing worn by everyone else behind her and around her.

The camera angle changes to focus on the group of attractive young women standing in the entrance to the gym before their class. The front women move away and we see Renee at the back. She has just come through the front door and now is purposefully walking towards us. Her pink sweatshirt has the motto, Get it Girl on it and she is the only overweight woman in the scene. She looks hesitant and uncomfortable as she walks up to the counter and places her hand on it. The back of Tasha's head is in the foreground and we hear her talking as Renee walks up.

TASHA: (to all) Have a good class.

Renee touches the counter with her right hand, looking uncomfortable, her gaze down.

RENEE: (to Tasha) Hi, Renee Bennett.

오프닝 크레딧이 시작되기 전.
사람들이 움직이는 모습이 흐릿하게 보이다 선명해진다. 뒤에 있는 벽엔 노란색으로 소울 싸이클 간판이 크게 걸려있고 사람들은 트레이닝 복을 입은 젊은 여자들 뿐이다. 민소매, 등이 깊게 파인 탑, 배꼽티를 입고 포니 테일을 하고 있다. 카메라를 등지고 대화를 하고 있다. 반투명하고 약간 귀신 같은 형체의 르네가 카메라를 마주하고 나타나 사람들 쪽으로 걸어온다. 그녀는 핑크색 긴 팔 추리닝을 입었는데, 주변의 다른 사람들이 입은 탱크톱 스타일과는 대조된다.
카메라 앵글이 이동하여 수업 전 체육관 입구에 서 있는 젊고 매력적인 여성들에게 초점을 맞춘다. 앞 쪽에 있는 여성들이 떠나고 르네가 뒤 편에서 보인다. 그녀는 막 문을 열고 들어와 다가오고 있다. 그녀의 핑크색 추리닝에 '잘해봐' 라는 글귀가 있고, 이 장면에서 유일하게 뚱뚱한 여성이다. 주저하고 불편해 하는 모습으로 카운터로 걸어가 손을 올린다. 르네가 다가왔을 때 타샤는 고개를 돌린 채 말하고 있다.

타샤: (모두에게) 즐거운 수업 되세요.

르네가 오른손으로 카운터를 만지는데 불편해 보이고 시선도 아래를 향해 있다.

르네: (타샤에게) 안녕하세요, 르네 베넷인데요.

- come into focus
  선명해지다, 뚜렷이 보이다
- top cut low in the back
  등이 깊게 파인 탑
- bare midriff
  미드리프, 배꼽티
- pony tail
  포니테일
  긴 머리를 뒷머리 위쪽에서 하나로 묶고 머리끝을 망아지 꼬리처럼 늘어뜨린 형태
- translucent
  반투명한
- overweight woman
  과체중의, 비만의
- one's gaze down
  ~의 내리 깐 시선

Tasha turns to look at Renee.

TASHA: (to Renee) Oh?

RENEE: Renee Bennett. Is this not where I go?

TASHA: No, this is where you go. Just sign in here. (Smiling, as if she is sizing up Renee.) Do you need shoes?

RENEE: Yes.

TASHA: Okay, what size?

RENEE: Eight.

TASHA: Eight?

Quietly, as if an aside to herself, while looking around.

RENEE: Seven.

TASHA: (Tasha looks at Renee, bemused) Seven? Okay.

RENEE: Nine and a half.

TASHA: A nine and a half?

RENEE: Nine...

TASHA: Okay.

RENEE: Double wide?

TASHA: Double what?

Over-articulating while trying to speak quietly after first checking that others aren't listening or paying attention to her, so they can't hear her.

RENEE: Double wide?

TASHA: (Tasha looks like she's trying to understand her brows are knitted.)
Like the trailer? Um...

RENEE: Just...

타샤가 돌아서 르네를 바라본다.

타샤: (르네에게) 네?

르네: 르네 베넷이요. 여기가 아닌가요?

타샤: 아니에요, 여기 맞아요. 여기에 서명하세요. (르네의 몸매를 재듯 웃으면서) 신발 필요하세요?

르네: 네, 주세요.

타샤: 네, 사이즈는요?

르네: 8(250)이요.

타샤: 8(250)이요?

주변을 둘러보며 혼잣말처럼 조용히

르네: 7(240).

타샤: (타샤가 어이없다는 표정으로 르네를 본다) 7(240)이라고요? 알겠어요.

르네: 9.5(265)요.

타샤: 9.5(265)라고요?

르네: 9(260)일수도...

타샤: 알았어요.

르네: 볼 두 배짜리 있어요?

타샤: 뭐가 두 배라고요?

먼저 다른 사람들이 듣고 있지 않은지, 자신에게 관심을 가지지 않는지 확인하고, 아무도 듣지 못하도록 조용하게 과장하여 또박또박 발음한다

르네: 발 볼이 두배라고요.

타샤: (타샤는 알아들으려고 하는 것처럼 이마를 찌푸린다) 트레일러화 같은 거예요? 음...

르네: 그냥...

- **sign in**
  도착[입실]시 서명하다, 이름을 기록하다
- **size up somebody**
  ~을 평가하다, 판단하다
- **bemused**
  어리둥절한, 어리벙벙한
  =confused, bewildered, perplexed, puzzled
- **over-articulate**
  과도하게 정확히 발음하다
- **knit the brows**
  눈살을 찌푸리다, 얼굴을 찡그리다

Is this not where I go?
where의 앞에 the place가 생략되어 '내가 갈 곳[장소]이 아닌가요?'의 의미로 사용된다.

Zoom In

Is this not where I go?

여기가 아닌가요?

She places the shoes she's holding on the counter and turns to a male staff member and asks him in a loud voice. Renee bends down and tries to hide her head, clearly embarrassed.

TASHA: (to-co-works) Do we have a double wide shoe?

TASHA: (to Renee) It's just like a regular shoe, but it's wider, and then it's wider for that. I guess just for wider feet. You know what I think we have a male instructor who used to be like a fireman, maybe... he matches your big foot?

RENEE: (feeling embarrassed, she takes the shoes off the counter.) I'm just going to take these. These are perfect.

TASHA: Okay. Have a good class.

IN THE CHANGING ROOM.

A sexy young woman, tanned, in black shorts and a sports bra with exposed shoulders and bare midriff with abs walks towards the camera and sits next to Renee. Renee is putting on her shoes wearing her pink long-sleeved top and long blue tights. She looks frumpy next to the other woman.

MALLORY: (to Renee) So your first time?

RENEE: (to Mallory) Mmm-hmm.

MALLORY: Me, too.

She can't seem to believe that someone who has such a perfect body is here for the first time.

RENEE: Really?

MALLORY: Yeah. We all...got to start somewhere, right?

RENEE: Yeah.

MALLORY: bye bye. See you in there.

들고 있던 신발을 카운터에 놓고 남자 직원에게 돌아서서 큰 목소리로 묻는다. 르네는 완전히 당황해서, 허리를 숙이고 얼굴을 가리려고 한다.

타샤: (동료에게) 볼 두 배짜리 신발 있어요?

타샤: (르네에게) 사이즈는 똑같은데, 볼이 더 넓은 거요, 볼만 더 넓은 거. 발 볼 넓은 사람이 신는 거 같은데. 예전에 소방관 했었던 남자 강사가 있는데, 아마 그 사람 신발이 당신의 큰 발과 맞겠는데요?

르네: (창피해하며 카운터에 있는 신발을 재빨리 집어 든다) 그냥 이걸로 가져 갈게요. 딱 맞네요.

타샤: 그러세요. 즐거운 수업 되세요.

탈의실.
그을린 피부를 가진 젊고 섹시한 여자가 검정색 숏팬츠와 스포츠 브라를 입어 어깨와 복근을 드러낸 채 카메라 쪽으로 걸어와 르네 옆에 앉는다. 핑크색 긴 팔 윗도리와 파란색 타이츠를 입은 르네는 신발을 신고 있다. 르네는 그 섹시한 여자 옆에서 촌스러워 보인다.

맬러리: (르네에게) 오늘 처음이세요?

르네: (맬러리에게) 네, 그래요.

맬러리: 저도요.

르네는 그처럼 완벽한 몸매를 가진 사람이 여기에 처음 왔다는 걸 믿지 못하는 것 같다.

르네: 정말요?

맬러리: 네. 누구나 어딘가에선 시작이 있잖아요, 안 그래요?

르네: 그렇긴 하죠.

맬러리: 안녕. 이따가 봐요.

- instructor
  강사, 교사
- changing room
  탈의실
- abs
  복근
- put on shoes
  신발을 신다 (=wear shoes)
- look frumpy
  촌스럽게 보이다

We all got to start somewhere.
'get to'는 '[어떤 결과]에 이르다, ~에 착수하다'라는 의미로 '어딘가에선 시작[을 해야]한다'는 의미가 내포되어 있다.

Zoom In

We all got to start somewhere.

누구나 어딘 가에선 시작이 있잖아요.

Renee pulls up her tights at the waist and pulls down her shirt as if to cover up her body.

RENEE: See you.

Renee walks through the rows of exercise bikes, mostly with slim young women in sports bras and shorts or tights. It's tightly packed with the exercise bikes in rows right next to each other. A few men. Everyone is pedaling vigorously. She has to avoid one woman who accidentally flicks her long pony tail in Renee's face as she passes behind her. She is the only overweight woman there.

RENEE: (to person) Sorry...

Renee looks satisfied as she has succeeded in locking her shoes on to the bike machine's pedals, but when she exerts her full weight to push the pedals, her bike collapses under her.

MALLORY: (to Renee) Oh shit!

Everyone stops riding to look at her, concerned.

MALLORY: Are you okay?

RENEE: Yeah... Yeah.

MALLORY: No, seriously, are you okay cause that looks bad.

Renee starts limping away, out of the room.

RENEE: Yeah, no I'm just going to get some smaller shoes.

CUTE GUY: (to Mallory) Are you okay?

MALLORY: (to cute guy) Umm yeah?

르네는 자신의 타이츠를 허리춤에서 당겨 올리고 몸을 가리려는 것처럼 윗도리를 끌어내린다

르네: 그래요.

스포츠브라나 숏팬츠 또는 타이츠를 입은 대부분 젊고 날씬한 여성들이 타고 있는 운동용 자전거가 줄 지어 있는 사이로 르네가 걸어간다. 실내 바이크가 다닥다닥 붙어있다. 몇 명의 남자도 보인다. 모두 힘차게 페달을 밟고 있다. 르네가 한 여성의 뒤를 지나가려 할 때 그녀가 갑자기 긴 포니 테일을 르네의 얼굴쪽으로 휘돌려 피해야 했다. 그녀는 체육관에서 유일하게 뚱뚱한 여성이다.

르네: (사람에게) 잠시만요.

르네는 신발을 사이클 페달에 거는데 성공하자 만족한 것처럼 보인다. 하지만 르네가 페달을 밟기 위해 체중을 싣자, 자전거가 주저앉고 만다.

맬러리: (르네에게) 오 이런!

모두 자전거 타던 것을 멈추고 걱정스러운 표정으로 르네를 바라본다.

맬러리: 괜찮아요?
르네: 네.. 네.
맬러리: 진짜 괜찮아요? 다친 것처럼 보이는데.

르네가 발을 절면서 밖으로 나간다.

르네: 괜찮아요, 그냥 더 작은 신발로 갈아 신으려고요.
작업남: (맬러리에게) 괜찮아요?
맬러리: (작업남에게) 아, 네. 괜찮아요.

- slim
  날씬한, 호리호리한
- pedal vigorously
  자전거 페달을 힘차게 밟다
- flick one's hair
  머리를 휙 뒤로 넘기다
- exert one's full weight
  온 몸의 체중을 싣다
- limp away
  절름거리며 떠나가다

Are you okay cause that looks bad.
because의 구어체 표현으로 'cause, 'cos가 사용된다.

Zoom In

Are you okay cause that looks bad.
다친 것 같은데 괜찮아요?

Renee walks out of the gym with her tights ripped open at the back, showing her pink shorts underneath. She walks with stiff legs, as if in pain, while reaching behind her to try and cover up the hole in her tights.

Camera pans across close up of Renee's make-up table with all her cosmetic products. Bottles and jars, Cosmopolitan magazine on the table, photos of Lily Le Claire, Avery Le Claire, Grant Le Claire pinned on the wall. They look like models she aspires to look like. Renee, looking in the mirror, works with her hair using a curling wand while trying to follow the instructions from a video tutorial she's listening to. The video plays while we see Renee teasing her hair with the wand. She becomes frustrated then appraises the final result in the mirror.

MAGAZINE: AVERY LECLAIRE ON LAUNCHING A NEW LINE
HEADLINE: GRANT LECLAIRE AMERICA'S MOST ELIGIBLE BACHELOR?

YOUTUBE VIDEO: (out loud) Hey guys this is Jen...and today I wanted to share another really cool hair tutorial with you. This look is a very punk rock faux-hawk... using a ponytail. I'm going to start at the top and add a bump to the top of my head. Back comb with some hair spray until you have a lot of volume there. Now I'm taking another little section a little bit wider. Now tie this part back. Now at the very end of your ponytail...I have this little bit of hair at the end. So I'm just going to give it a lot of volume. So this is the final look. I hope you guys...enjoyed this rock star...kind of punk rock Mohawk-faux hawk. If you did, don't forget to give this video...a thumbs up and subscribe to the channel for more hair tutorials. This is Jen and I will talk to you guys...

르네가 헬스장에서 나오는데 타이츠의 엉덩이가 찢어져, 속에 입은 분홍색 숏팬츠가 보인다. 그녀는 통증을 느끼는 듯 다리를 뻣뻣하게 걸으면서 손을 뒤로 뻗어 타이츠에 난 구멍을 가리려고 한다.

카메라가 르네의 화장품이 있는 화장대를 클로즈업 해서 천천히 보여준다 — 병과 단지들, 테이블 위에 코스모폴리탄 잡지가 놓여 있고 릴리 르클레어, 에이버리 르클레어, 그랜트 르클레어의 사진이 벽에 꽂혀있다 — 그들은 그녀가 닮고 싶어하는 모델같다. 르네는 거울을 보면서 고데기로 머리를 다듬는데, 비디오의 머리스타일 설명을 들으며 따라하고 있다. 르네가 고데기로 머리를 잡아당기는 동안 비디오는 재생되고 있다. 그녀는 좌절한 듯 거울에 비친 자신의 머리 모양을 살펴본다.

잡지: 에이버리 르클레어 새 제품 출시
헤드라인: 그랜드 르클레이, 미국 최고의 신랑감?

유튜브 비디오: (큰 소리로) 안녕, 젠이에요. 오늘도 멋진 머리스타일을 소개해 드릴 거예요. 포니테일을 이용해서 펑크록 폭스 호크처럼 보이게 할 건데요. 윗부분부터 묶어서 거기에 볼륨을 넣어줄 거예요. 볼륨이 생길 때까지 헤어스프레이를 조금씩 뿌리면서 거꾸로 빗어주세요. 이제 약간 더 넓게 다음 부분을 조금 잡아주세요. 이 부분을 뒤로 묶으세요. 포니테일 끝에 머리가 조금 남을 거예요. 그러면 이제 그 부분에 볼륨을 많이 넣어주면 됩니다. 완성이에요. 여러분도 펑크록 모호크식 폭스 호크 같은 록스타 머리를 해보세요. 완성됐으면, 좋아요 누르는 거 잊지 마시고 더 많은 머리 스타일을 보시려면 채널을 구독해주세요. 지금까지 젠이었습니다. 다음에…

- **rip**
  찢다, 찢어지다
- **cosmetic products**
  화장품
- **curling wand**
  고데기
- **tease**
  당기다, 괴롭히다
- **appraise the final result**
  완성된 모습을 살펴보다
- **eligible bachelor**
  좋은 신랑감
  one who many women want to marry because he is rich and attractive.
- **subscribe to something**
  ~을 구독하다, 동의하다

If you did, don't forget to give this video...a thumbs up.
social media에서 '좋아요'를 눌러달라는 표현을 영어로는 'like'나 'thumbs up'이라고 합니다

Zoom In

If you did, don't forget to give this video...a thumbs up.

완성됐으면 좋아요 누르는거 잊지 마세요.

Sighs. Her hair looks like a mess, but she seems unsure if it's successful or not.

In the department store, Renee picks up a pair of denim shorts to look at.

SALESGIRL: (to Renee) Hi.

RENEE: (to salesgirl) Hi.

SALESGIRL: Are you shopping for a gift?

RENEE: Oh no, just kinda browsing for me.

SALESGIRL: Okay. Umm, so sizing is a little limited here in the store. But you could probably find your size online.

The shop assistant walks off and Renee puts the shorts back down.
The baby starts crying after Renee smiles at it.

RENEE: (to mother) A guy ran by. It was weird.

Renee stands behind a crowd of people at the bar, trying to get through, so she can order.

JANE : (to Renee) Just like ask, just get in there.

She lacks assertiveness though, and everyone ignores her as she stands feebly waving her arm.

Renee walks quietly into her apartment, drops her keys in a bowl and checks herself in the mirror, then starts to undress, finally looking grimly at her overweight body in a teddy, turns and walks dispiritedly away towards the bedroom.

한숨을 쉰다. 그녀의 머리는 엉망이지만, 성공했는지 망했는지도 모르는 것 같다.
백화점, 르네는 데님 숏팬츠를 들어 구경하려 한다.

직원: (르네에게) 어서오세요.

르네: (직원에게) 안녕하세요.

직원: 선물하시게요?

르네: 아니요, 제가 입을 걸 둘러보고 있어요.

직원: 아, 그러시구나. 매장은 사이즈가 많지 않아서요. 온라인 매장에 알맞은 사이즈가 있을 거예요.

매장 직원이 떠나고 르네는 숏팬츠를 다시 내려놓는다.
르네가 아기를 보며 웃자 아이가 울기 시작한다.

르네: (엄마에게) 이상한 사람이 지나갔거든요.

르네가 바에 있는 한 무리의 사람들 뒤에서 주문하려고 앞으로 나아가려 한다.

제인: (르네에게) 그냥 주문해, 파고 들어가.

자신감이 부족한 듯 소심하게 손을 흔들어보지만 모두들 그녀를 무시한다.

르네가 아파트로 조용히 들어와서, 통에 키를 넣고 거울로 자신을 살펴본다. 그리고 옷을 벗는데, 적나라하게 들어난 보정 속옷을 입은 뚱뚱한 몸을 우울하게 바라보다가 힘없이 침실로 들어간다.

- **lack assertiveness**
  자신감이 부족하다
- **grimly**
  우울하게, 암울하게
- **teddy**
  테디 (슈미즈와 팬티로 된 여성용 내의)
  a piece of women's underwear that covers the upper body and fastens between the legs
- **dispiritedly**
  의기소침하게

Just kinda browsing for me.
kinda는 'kind of'를 발음대로 철자한 것으로 '약간, 어느 정도'의 의미를 가진다.
• browse (가게 안의 물건들을) 둘러보다, 훑어보다

Zoom In

Just kinda browsing for me.
제가 입을 걸 둘러보고 있어요.

Camera pans from the city rooftops to a street filled with people walking. Renee, now in a blue jacket and blouse. It looks like she's on her way to work. The outside door to an old 3-story building in Chinatown has the sign Lily Le Claire-online division taped to it.

NOTICE: LILY LECLAIRE ONLINE DIVISION

INSIDE.
Renee is sitting at her desk in front of a shelf of boxed cosmetics. The room is like a warehouse/salesroom for a low-level distribution company. An obese guy is sitting at his desk facing Renee, typing on a computer.
Renee looks at him quizzically.

RENEE : Mason? Should we have more like...banter?

MASON : Nah, I'm good.

RENEE: We should have fun in here. We should come in...and be like excited to interact.

MASON: (pausing) I had sex last night.

RENEE: Oh cool.

MASON: (with a deadpan expression) I was alone.

RENEE: Forget it.

MASON: Did you get that email from Corporate? Complaints about the Clafoutis lipstick?

He anglicizes the name, pronouncing the "tis" ending to rhyme with "miss."

RENEE: The Clafoutis?

Renee pronounces the word Clafoutis with a French ending, to rhyme with "day".

카메라가 도시의 건물 옥상부터 걸어가는 사람들로 가득 찬 거리까지 보여준다. 르네는 파란색 자켓과 블라우스를 입고 있다. 출근하는 길처럼 보인다. 차이나타운에 있는 오래 된 3층짜리 건물의 문밖에는 릴리 르클레어 온라인 부서라는 표시가 테이프로 붙여져 있다.

안내판: 릴리 르클레어 온라인 부서

실내.
르네가 박스 포장된 화장품 선반 앞, 그녀의 책상에 앉아있다. 사무실은 하급 유통 회사의 창고나 매장처럼 보인다. 뚱뚱한 남자가 르네가 마주 보이는 책상에 앉아서, 컴퓨터 타자를 치고 있다.
르네가 그를 궁금하다는 듯 쳐다본다.

르네: 메이슨? 우리 잡담이라도 할까요?

메이슨: 아뇨, 괜찮아요.

르네: 재미있을 수도 있잖아요. 출근해서 떠들고 시끌시끌하게요.

메이슨: (한숨쉬며) 어젯밤에 섹스했어요.

르네: 좋네요.

메이슨: (무표정하게) 혼자서요.

르네: 관두죠.

메이슨: 본사에서 온 메일 봤어요? 클라푸티스 립스틱 컴플레인 들어온거 말이에요.

그는 "티스"를 "미스"라는 단어의 끝과 같이 영국식 발음으로 말한다.

르네: 클라푸티요?

르네는 클라푸티라는 단어를 "데이"와 끝이 똑같은 프랑스식 발음으로 말한다.

- **be on one's way to work**
  출근하는 길[중]이다
- **type on a computer**
  컴퓨터 타자를 치다, 키보드를 두드리다
- **banter**
  정감 어린 농담
  friendly conversation in which people tell jokes and laugh at each other
- **deadpan**
  무표정한
- **anglicize**
  영어식으로 만들다[말하다]

We should have fun in here.
should는 '~해야 한다'의 의미 외에도 '(아마) ~일 것이다'라는 추측의 의미로 사용될 수 있다.
모든 조동사는 기본적으로 추측의 의미를 가지고 있으며 정도는 cannot(0%) 〈 might 〈 may 〈 could 〈 can 〈 should 〈 would 〈 will 〈 must(100%)이다.

Zoom In

We should have fun in here.
재미있을 수도 있잖아요.

MASON: Customers are saying it's way more orange than it looks online.

RENEE: No. Okay. Then tell me this isn' t the exact same color. Look at this.

RENEE: Look.

MASON: I just write code.

RENEE: Come on, Mason.

Closing the computer and putting it down.

RENEE: This is exactly why...they should let us run the website from the 5th Avenue headquarters. Right? God! Why does Lily LeClaire like hide us in this weird...Chinatown basement? I'm so sick of it, aren't you sick...of this?

MASON: No.

RENEE: I'm getting out of here. I'm getting a coffee. A real coffee. Not that crap. (picking up her bag from her desk) Do you want anything?

MASON: Bagutti.

RENEE: You mean a baguette?

MASON: Yeah.

RENEE: You want a whole baguette?

MASON: Half.

RENEE: Half a baguette. That's not weird.

She starts climbing the stairs to go out.

IN RENEE'S APARTMENT.
Renee is in a red t-shirt with her hair in plaits. Her friend, Vivian, is overweight, like Renee. Renee applies a touch of highlighter to Vivian's eye.

메이슨: 인터넷에서 본 것보다 오렌지색이 훨씬 진하다던데요.

르네: 아닌데. 알겠어요. 같은 색이 아닌지 봐봐요. 이거 봐요.

르네: 보라니까요.

메이슨: 저는 그냥 프로그래머예요.

르네: 이봐요, 메이슨.

컴퓨터를 닫고 내려놓는다.

르네: 이러니까 우리가 5번가에 있는 본사에서 일하게 해야한나는 거예요, 안 그래요? 젠장! 대체 왜 릴리 르클레어가 우리를 이런 지저분한 차이나타운 지하에 처박아 둔 건지. 진짜 지겨워요. 안 그래요?

메이슨: 안 그런데요.

르네: 나가야겠어요. 커피 사올게요. 저 쓰레기 같은 거 말고 진짜 커피요. (책상에서 가방을 들면서) 뭐 사다 줄까요?

메이슨: 바게티요.

르네: 바게트 말하는 거예요?

메이슨: 네.

르네: 하나 통째로 사와요?

메이슨: 반만.

르네: 바게트 반. 이젠 놀랍지도 않네.

그녀는 나가려고 계단을 올라간다.

르네의 아파트
르네는 머리를 땋고 빨간 티셔츠를 입고 있다. 그녀의 친구 비비안도 르네처럼 뚱뚱하다. 르네는 비비안의 눈을 하이라이터로 마무리한다

- run the website
  웹사이트를 운영하다
- headquarters
  본사, 본부
- be sick of
  ~에 넌더리 나다
- get a coffee
  커피를 사다
- plait
  (특히 머리를) 땋은 것
- apply something to
  (크림 등을) 바르다, 적용하다

Customers are saying it's way more orange than it looks online.
It's way more orange than it looks (orange) online. 비교가 되는 형용사는 한 번만 사용된다.
• way 큰 차이로, 훨씬

Zoom In

Customers are saying it's way more orange than it looks online.

(고객들이 말하길) 인터넷에서 본 것보다 오렌지색이 훨씬 진하다던데요.

VIVIAN: (to Renee) Yeah?

RENEE: (to Vivian) Yeah, the highlighter does it.

Renee touches Vivian's eye again with the highlight brush.

JANE : (to Vivian) Viv', you look gorgeous.

VIVIAN: Really?

RENEE: Right.

JANE: Yes.

RENEE: You look really beautiful.

VIVIAN: Oh. Wow. (checking herself in the compact mirror) I mean I do look pretty. I just I don't know if I look like me.

Jane, who was sitting on the sofa, has come up to join them. She starts mixing colors on a box lid.

RENEE: No, you don't look like yourself. But you do look like Selena Gomez in that video... where she says "It ain't me."

VIVIAN: Oh...

RENEE: It is you. Like I recreated it.

VIVIAN: Are you sure I don't look like, sort of a lady of the night?

RENEE: Like a prostitute?

VIVIAN: Come over here boys.

RENEE: No, and they don't talk like that anymore.

JANE: (while brushing eye shadow on her own face) Like, it's kinda rad that your work lets you take all this stuff.

VIVIAN: I know.

RENEE: Well It's more like implied, you know they're not like"here's a gift bag" but I steal it.

비비안: (르네에게) 다 됐어?

르네: (비비안에게) 응, 하이라이터가 잘 받네.

르네가 비비안의 눈에 다시 하이라이터 브러쉬를 댄다.

제인: (비비안에게) 비브, 너 진짜 예쁘다.

비비안: 정말?

르네: 그래.

제인: 응.

르네: 너 정말 예뻐.

비비안: 와, 대박. (콤팩트 거울로 살펴보며) 진짜 예뻐 보이네. 나처럼 안보여.

소파에 앉아있던 제인이 친구들 곁으로 온다. 뚜껑에 색을 섞기 시작한다.

르네: 그래, 원래의 너 같진 않지. '그건 내가 아니야' 뮤비에 나오는 셀레나 고메즈 같아.

비비안: 오...

르네: 이것도 너야. 내가 새롭게 꾸며준거지.

비비안: 근데 밤일 하는 여자 같지 않아?

르네: 창녀말이야?

비비안: 놀다 가 오빠

르네: 안 그래, 그리고 요즘엔 그렇게 안해

제인: (얼굴에 아이섀도를 바르면서) 근데, 이런 거 직장에서 그냥 가져와도 된다니 진짜 좋다.

비비안: 그러니까.

르네: 암암리에 하는거지. '선물이야' 하고 주는 건 아니라서, 그냥 훔쳐와.

- **gorgeous**
  아주 아름다운, 멋진
  =beautiful, attractive, brilliant, elegant, good-looking
- **compact mirror**
  콤팩트 (휴대용 분갑) 거울
- **prostitute**
  매춘부, 창녀
- **rad**
  아주 근사한, 기막힌
  =fabulous, awesome, fantastic, incredible, marvelous
- **implied**
  함축된, 은연중의, 암시적인

The highlighter does it.
Something does it은 '딱 맞다, 해내다, 어울리다' 등의 의미로 다양한 상황에 쓸 수 있다.
• do it 주효하다, 효과가 있다

Zoom In

The highlighter does it.
하이라이터가 잘 받네.

Everyone laughs.

RENEE: No. But a lot of it's recalled. They wouldn't care. (holding up a round pink compact from the bag) Like this one they said looks like contraception.

VIVIAN: Oh hey, it really does.

JANE: That's exactly what my pill pack looks like.

Taking the compact to check it.

RENEE: (getting up to walk around) Yeah, but a lot of people like having sex...and not having a baby, so I don't know what...the problem is. I met...this baby the other day that was like, wack as hell. Honestly. (pausing to sit on the sofa) Okay, this is the Groupie sight?

JANE: It's not Groupie. It's Grouper Date. And you're not bailing because we need three people in order to get matched on a date.

VIVIAN: (returning the compact to the bag) Yes.

RENEE: Yeah, but look...at them. Come look at these pictures. These are the people we're competing with?

Jane and Vivian get up and walk over to where Renee is sitting down. They look at the images on the screen.

RENEE: Three Eurasian cocktail waitresses.

VIVIAN: Yeah?

RENEE: Three Australian wakeboarders. And the Hadids! Is that the mom?

모두 웃는다.

르네: 농담이야. 리콜 된 거라서 신경 안 쓸 거야. 이건 (핑크색의 둥근 콤팩트를 가방에서 꺼내면서) 피임약 닮아서 싫다 그래.

비비안: 그러게, 진짜 닮았네.

제인: 내 거랑 완전 똑같다.

콤팩트를 가져가서 구경한다.

르네: (일어나서 서성거리며) 뭐, 요즘은 섹스는 하고싶어 하면서 애 낳긴 싫어하니까. 도대체 뭐가 문제인지 모르겠어. 지난 번에 본 아기도 엄청 징징대더라. 징하게. (멈춰서 소파에 앉으며) 오, 이게 그루피 사이트야?

제인: 그루피가 아니라, 그룹퍼 데이트. 너 빠지면 안돼. 셋이 찍어야 데이트 약속을 잡을 수 있어.

비비안: (콤팩트를 가방에 집어넣으면서) 맞아.

르네: 좋아, 근데 이거 봐봐. 이 사진들 좀 봐. 이 사람들이랑 겨뤄야 하는데?

제인과 비비안이 일어나서 르네가 앉아있는 데로 온다.
그들은 화면에 있는 사진을 본다.

르네: 세 명의 유라시아 칵테일 웨이트리스.

비비안: 그리고?

르네: 세 명의 호주 파도타기 미녀들. 세 명의 하디드 모델 모녀! 이게 엄마라고?

- contraception
  피임
- wack
  형편없는, 매우 이상한
  (bad, stupid or of low quality)
- bail
  (급히) 떠나다, 빠지다
  To leave a group of friends, social gathering, or other such event with little or no warning or reason why
- compete with
  ~와 겨루다, 경쟁하다

That's exactly what my pill pack looks like.
=That's exactly how my pill pack looks
'what ~ like'는 'how'와 같은 의미로 사용된다.

Zoom In

That's exactly what my pill pack looks like.
내 거(약통)랑 완전 똑같다.

VIVIAN & JANE: Yeah.

RENEE: I'm not competing with this. (She gets up and walks away.) I'm not doing it.

JANE: Whoa Renee, the thing is like different kinds of men are looking for different things.

VIVIAN: Like I mean, I know that my guy is going to be interested...in the fact that I like true crime... and inter-species animal. ...friendships.

JANE: (taking her arm) Please...

VIVIAN: And I've added them all on dares...

JANE: No, don't put that on the profile.

RENEE: (raising her arms in disbelief and turning away) My God, Viv nobody cares about the profile.

RENEE: No one even looks at the profile.

Walking back and forth in front of the faux fireplace and becoming animated.

RENEE: The picture is all that matters and you get a picture of yourself and you feel like really good about it and you hide your double chin, you hide your acne and you hide your cellulite. And then when the guy meets you in person, he's like so disappointed. Or you take a picture...of yourself where you feel it really looks like you. And then you check your profile and no...one is liking it or clicking or twitting it or poking you. And you didn't even want to go out with this guy in the first place. But he's rejecting you and it's not fair and I'm sick of it.

비비안&제인: 응.

르네: 난 이 사람들이랑 경쟁하기 싫어. (그녀는 일어서서 나온다.) 안 할래.

제인: 르네, 사람마다 취향이 다르잖아.

비비안: 내 말이 그거야, 나처럼 범죄수사물이나 동물들과의 우정에 관심을 갖는 운명의 남자가 있을 거라고.

제인: (비비안의 팔을 잡으며) 제발 그만해.

비비안: 진부 프로필에 적었어.

제인: 그런 거 프로필에 적지마.

르네: (믿을 수 없다는 듯 필을 올리고 돌아선다) 세상에, 비브, 아무도 프로필엔 신경 안 써.

르네: 그걸 누가 보니.

벽난로 모형 앞에서 왔다갔다하면서 격양되어 말한다.

르네: 중요한 건 사진이야. 그리고 사진을 찍었다고 쳐 봐. 사진빨을 잘 받아서 두 턱도 안 나오고, 여드름도 없고, 셀룰라이드도 숨겼어. 근데 직접 만나면, 그 남자는 엄청 실망할걸. 네 모습 그대로 사진을 찍었다고 쳐. 그러면 프로필을 확인해봤자 '좋아요' 나 '찜하기' 나 '찌르기' 같은 거를 누르는 사람은 아무도 없을 거라고. 먼저 데이트하고 싶은 사람도 아니었는데 말이야. 근데 걔가 거절하는 거 잖아, 불공평하게 말이야. 진짜 지겨워.

- **the thing is**
  실은(중요한 사실, 이유, 해명을 언급하려고 할 때 씀)
- **take one's arm**
  팔을 붙잡다
- **nobody cares about**
  아무도 ~에 신경 쓰지 않는다
- **walk back and forth**
  왔다 갔다 하다
- **faux fireplace**
  벽난로 모형
- **get a picture of**
  ~의 사진을 찍다
- **acne**
  여드름
- **meet somebody in person**
  ~을 직접 만나다

Don't put that on the profile.
'put on' 은 다양한 뜻을 가진 단어로 여기서는 'to produce or present a play, an exhibition, etc.' 라는 맥락으로 쓰였으며 동의어로는 play, exhibition, show가 있다.

Zoom In

Don't put that on the profile.

그런 거 프로필에 적지 마.

After a moment's silence and looking at Viv as if they are in agreement.

JANE: Well...you raise a lot of interesting points... Renee. And thank you...for that pep-talk.

VIVIAN: Yes. Thank you.

JANE: I feel like this is exactly what we needed.

RENEE: You guys are jerks.

JANE: Let's just...take a fun picture.

VIVIAN: Yeah!

JANE: Let's just do it.

VIVIAN: I'm a photo queen!

All three are in a line. They are all holding martini glasses.

JANE: Look at this face!

We see the image as it appears on the computer screen.

RENEE: That's not good.

RENEE: (same pose) We look like we're being attacked, Viv'.

They lean towards the camera. Viv has both arms raised, Jane is drinking her martini, Renee has her hands on her knee.

RENEE: That's bad.

JANE: I look big too.

RENEE: (in the same pose as before) It looks like you're like having sex with me.

잠깐의 침묵 끝에 동의하는 것처럼 비비안을 쳐다본다.

제인: 음.. 흥미로운 지적이었어, 르네. 의욕이 확 생기네.

비비안: 정말 고마워.

제인: 우리가 꼭 들어야하는 얘기였어.

르네: 작작 놀려대.

제인: 그럼.. 재밌는 사진이나 찍자.

비비안: 좋아!

제인: 그냥 해보자.

비비안: 나 포토퀸이야!

세 명 모두 한 줄로 선다. 마티니 잔을 들고 있다.

제인: 얘 좀 봐!

컴퓨터 스크린에 나오는 이미지가 보인다.

르네: 별로야.

르네: (같은 포즈) 맞고 있는 거 같아, 비브.

카메라 쪽으로 몸을 기울인다. 비비안은 두 팔을 올리고 있고, 제인은 마티니를 마시며, 르네는 무릎에 손을 짚고 있다.

르네: 이건 아니야.

제인: 나 돼지 같잖아.

르네: (아까랑 같은 포즈로) 너 나랑 섹스 하고 있는 것 같은데.

- pep-talk
  격려 연설; 격려 연설을 하다

We look like we're being attacked.
like 뒤에 문장이나 명사가 사용된다. 'be being p.p'의 형태는 '~되다, ~당하다' 라는 수동의 상태가 현재 진행중이라는 것을 의미한다.
• look like ~인 것처럼 보이다

Zoom In

We look like we're being attacked.
우리 맞고 있는 거 같잖아.

I FEEL
PRETTY

I FEEL
PRETTY
Lipton
Lipton

I FEEL
PRETTY

I ♥ NY

They continue changing their pose as the camera clicks, while holding their glasses.

VIVIAN: Okay one… wait…

The final image shows Viv with both arms raised, Jane leaning forward and raising her glass as if to make a toast, and Renee smiling broadly while holding her glass in front of her waist.

VIVIAN: And that's the one.

그들은 카메라가 찰칵거릴 때마다 잔을 들고 포즈를 계속 바꾼다.

비비안: 그래, 잠깐만.

마지막 사진에서 비비안은 두 팔을 들어올리고, 제인은 앞으로 숙이고 건배하는 것처럼 잔을 들어올리고 있다. 르네는 허리쯤에 잔을 들고 활짝 웃고 있다.

비비안: 바로 이거야.

- click the camera
  카메라를 찰칵 누르다, 카메라 셔터를 누르다
- make a toast
  건배하다
- smile broadly
  활짝 웃다

That's the one.
the one은 다양한 상황에서 쓰인다. 여기서는 바로 그것이라는 뜻으로 강조하며 지정하는 뜻이다. 다른 상황에서 사람을 가리키며 말하면 '바로 그사람', '영혼의 짝', '반려자' 등 soul mate라는 의미가 되기도 한다.

Zoom In

That's the one.

바로 이거야.

Chapter 2

에이버리와 맬러리

Avery and Mallory

시간 00:12:16~00:20:20

Renee walks back into the office. She's wearing a pink jacket and pink and white striped blouse. Her hair is teased and falls naturally in a style that looks like it has just been made into waves. She's holding two Venti sized white takeout coffee cups and looks serious.

RENEE: (to Mason) What the hell, Mason?

Mason, dressed in a khaki t-shirt and blue and white checked shorts is bent over the fax machine/copier. He turns to face Renee.

MASON: (to Renee) I spilled salad dressing on myself.

RENEE: (putting the coffee cups down and taking a book out of her bag) Look I know this office isn't the epicenter of anything...but once we stop feeling compelled to....participate in things like pants, we've gone too far outside the social contract.

MASON: We're in crisis, Renee. The server is down. It's happened... before, it always comes back online. But not this time.

르네가 사무실로 들어온다. 그녀는 핑크색 자켓과 핑크색과 하얀색 줄무늬의 블라우스를 입고 있다. 머리는 가지런하고 자연스럽게 웨이브 져 있다. 벤티 사이즈의 하얀색 테이크아웃 커피 컵을 두개 들고 심각한 표정을 짓고 있다.

르네: (메이슨에게) 뭐 하는 짓이에요, 메이슨?

카키색 티셔츠와 파란색과 하얀색 체크무늬 반바지를 입은 메이슨이 몸을 숙이고 복합기를 살핀다. 그는 돌아서서 르네를 본다.

메이슨: (르네에게) 샐러드 드레싱을 바지에 쏟아서요.

르네: (커피 컵을 내려놓고 가방에서 책을 꺼내면서) 제발, 여기가 대단한 사무실은 아니지만 팬티만 입고 있는 데도 신경 쓰지 않는다면, 사회적 합의에서 너무 벗어나는 거예요.

메이슨: 긴급 상황이에요, 르네. 서버가 다운됐어요. 예전에도 그랬지만, 금방 복구됐었는데. 이번엔 아니에요.

- **striped**
  줄무늬가 있는
- **Venti**
  이탈리아어로 20이고 스타벅스에서는 20oz (600ml) 음료 사이즈를 나타낸다.
- **epicenter**
  (활동의)중심점
  =focal point, headquarters, center
- **crisis**
  위기

RENEE: (She checks her computer.) Oh no... Wait–wait. How are we going to get the web–traffic reports to Corporate for their 11am? It's our only job in this stupid office!

MASON: I'm already printing out the reports, and it's not stupid. It may be little, but either way you can leave our stupid office in about 10 seconds.

He takes the papers and goes back to his desk.

RENEE: Whoa–whoa–whoa! You think I'm going to Lily LeClaire today? Oh no I am not going to Lily LeClaire. I promise you that, okay. I did not shower.

MASON: You never shower.

RENEE: I never shower for work. Okay. I shower at night. (becoming more insistent and forceful) When I shower is my business. I'm not going there.

Mason stands up and starts walking slowly towards her, holding the papers in front of himself.

RENEE: No. I'm wearing bathing suit bottoms....because I have no clean undies. (crossing her hands in front of herself) I have a Bed, Bath and Beyond bag for my purse. No!

MASON: (standing directly in front of Renee) Repeat after me. I am brave.

RENEE: (calmly, as if he has hypnotized her) I'm brave.

MASON: I am blonde.

르네: (그녀가 자신의 컴퓨터를 확인한다.) 안 돼. 잠깐만요. 그럼 본사에 11시까지 웹트래픽 보고서를 어떻게 보내요? 이 멍청한 사무실에서 유일하게 할 일이잖아요!

메이슨: 이미 보고서는 프린트하고 있고 멍청한 사무실은 아니에요. 살짝 그럴 수도 있지만, 어쨌든 당신은10초 안에 출발할 수 있을 거예요.

그는 서류를 가지고 책상으로 돌아간다.

르네: 헐… 여보세요, 잠깐만요! 오늘 릴리 르클레어에 다녀오라는 거예요? 오, 안돼요. 절대 안 갈 거예요. 절대로요. 샤워도 안했다고요.

메이슨: 원래 안 하잖아요.

르네: 출근할 때나 안하지 밤에는 해요. (더 고집스럽고 단호하게) 언제 샤워하느냐는 제 마음이죠. 아무튼 못 가요. 절대로요.

메이슨이 일어나서 서류를 들고 천천히 다가오기 시작한다.

르네: 빨아 놓은 팬티가 없어서 수영복 입고 왔어요. (몸 앞에 손을 교차시키면서) 핸드백 대신 장바구니 들고 왔어요. 못 가요!

메이슨: (르네 바로 앞에 서서) 따라해요. 난 용감해.

르네: (메이슨이 최면을 건 것처럼 조용하게) 난 용감해.

메이슨: 난 금발이야.

- web-traffic
  웹트래픽, 웹사이트를 방문하는 사용자들이 주고받는 데이터의 양
- insistent
  고집하는, 우기는
  =assertive, emphatic, forceful, persistent
- bathing suit
  수영복
- bottoms
  (옷의) 아랫도리, 하의
- undies
  속옷
- hypnotized
  매료당한, 최면에 걸린

When I shower is my business.
의문사 when으로 시작하는 문장이 주어의 역할을 하고 있다.
business는 '사업' 이라는 뜻 외에도 (관여되는) 일, 소관이라는 의미가 있다.
cf) None of your business 상관 마, 참견 마

Zoom In

When I shower is my business.

언제 샤워하느냐는 제 마음이죠.

RENEE: I am blonde.

MASON: And I got this.

RENEE: And I got this.

MASON: (louder) I am brave!

RENEE : (louder) I am....brave!

MASON: I am... blonde!

RENEE: I am... blonde!

MASON: And I got this!

RENEE: And I got this!

MASON: (now almost screaming the words) I am....brave!

RENEE: (yelling) I got ...this! (She runs out of the room.)

A yellow NYC taxi-van pulls up at the curb. The door slides open and Renee steps out. She pauses to adjust her clothes and, clutching the papers, starts to walk. She seems a little unsure of herself, touches her hair, then stops to gaze up at the skyscraper she's standing in front of. She seems both nervous and awed. She joins the crowd crossing the street.

Elevator doors open. Renee is standing by herself with the papers in her left hand, bag over her right shoulder. She looks determined.
She walks slowly towards the reception desk. Modern, stark, minimalist interior, white floor, walls, ceiling contrasts with a seat made from driftwood and the desk which looks like a large boulder with a stone wall behind it.
The receptionist is elegantly dressed in a strapless gown. She has a thick jeweled choker around her neck, extensively rouged eyeshadow that comes over her brow bone and her hair is tied back.

RENEE: (handing the documents to Sasha) For Steve in Marketing.

SASHA: Okay great. (putting them on her desk left) I'll make sure she gets them.

르네: 난 금발이야.
메이슨: 할 수 있어.
르네: 할 수 있어.
메이슨: (더 큰 소리로) 난 용감해!
르네: (더 큰 소리로) 난 용감해!
메이슨: 난… 금발이야!
르네: 난… 금발이야!
메이슨: 난 할 수 있어!
르네: 난 할 수 있어!
메이슨: (이제는 거의 악 쓰듯 말을 내뱉는다.) 난 용감해!
르네: (소리를 지르며) 난 해낼 거야! (사무실을 뛰쳐나간다.)

뉴욕시의 노란 콜밴이 길 가에 차를 세운다. 문이 열리고 르네가 나온다. 잠깐 서서 옷 매무새를 다듬고, 서류를 움켜쥐고 걷는다. 약간 자신 없는 모습으로 머리를 만지고 나서 그녀 앞에 있는 고층빌딩을 올려보려고 멈춰 선다. 그녀는 그 앞에 서 있다. 긴장하고 압도된 것 같다. 길을 건너면서 군중 속에 섞인다.

엘리베이터 문이 열린다. 르네는 왼 손에 서류, 오른쪽 어깨에 가방을 메고 혼자 서있다. 단단히 결심한 것 같다.
르네는 천천히 안내데스크 쪽으로 걷는다. 모던하고 깔끔한 미니멀리스트 인테리어와 하얀색 바닥, 벽, 천장은 유목으로 만들어진 의자와 뒤에 돌담을 둔 큰 바위 같은 책상과 대비된다.
안내 직원은 어깨끈이 없는 드레스를 우아하게 입고있다. 그녀는 두껍게 보석으로 장식된 초커 목걸이를 차고 있다. 아이섀도를 눈두덩이까지 넓게 바르고 머리를 뒤로 묶었다.

르네: (사샤에게 서류를 건내면서) 마케팅 부 스티브한테 전해주세요.
사샤: 네. (서류를 책상 왼쪽에 놓으면서) 꼭 전해드릴게요.

- blonde
  금발의, 금발 머리인
- pull up at the curb
  도로변에 멈춰서다
- adjust one's clothes
  옷매무새를 바로잡다
- skyscraper
  고층 건물
- stark
  (아무 색채나 장식이 없어) 삭막한, 황량한
- hand the documents to
  ~에게 서류를 전달하다[건네다]

I'll make sure she gets them.
'make sure'은 '확실하게 하다'라는 뜻으로 다음에 나오는 문장에 대해 책임지고 확실히 이루어지게 하겠다는 의미를 가진다.

Zoom In

I'll make sure she gets them.
꼭 전해드릴게요. (서류를 꼭 받을 수 있게 할게요.)

She acknowledges Renee briefly, then turns to her computer screen. Looking to her right, Renee's jaw drops, and she looks wide-eyed as a blonde woman walks into the room.

RENEE: Is that Avery LeClaire?

The scene shows the blonde woman moving in slow motion while music plays, as if she is a goddess or vision. It's clearly Renee's point of view.

SASHA: (Continuing to look at her computer screen. Glancing quickly at Renee, then back to the screen.) Yeah.

RENEE: (with barely contained excitement) There she is again.

Avery is now skipping.

RENEE: Oh my God. (Mouthing the words in a whisper to Sasha as she points to Avery.) She's right there.

RENEE: (She leans down and speaks to Sasha in a normal voice.) Is that so cool?

SASHA: (nonchalantly) What's that?

RENEE: (sounding enthusiastic and excited) You know being the receptionist here? Just being around it all?

SASHA: (in a slightly bored voice) No, I'm just an intern filling in. They're trying to find a new receptionist actually.

RENEE: (looking at Sasha as if this is the most incredible thing she has ever heard) Shut up. Oh come on. It's like a dream job.

SASHA: Umm. I'll make sure Marketing gets these papers.

RENEE: Okay. I'm gonna head out.

르네를 잠깐 쳐다보고는 컴퓨터 화면으로 눈을 돌린다.
오른쪽을 보다가, 금발의 여성이 걸어 들어오자 입이 떡 벌어지고 눈이 휘둥그레진다.

르네: 저 사람 에이버리 르클레어예요?

음악이 흐르며, 금발의 여성이 마치 여신이나 환상인 것처럼 슬로우 모션으로 움직인다. 이것은 완전히 르네의 시각으로 보는 것이다.

사샤: (계속 컴퓨터 화면을 바라보며. 르네를 빠르게 한 번 보고, 나시 화면을 쳐다본다.) 네.

르네: (겨우 흥분을 억누르며) 저기 에이버리가 또 보여요.

에이버리는 깡충깡충 뛴다.

르네: 세상에. (에이버리를 가리키며 사샤에게 속삭이듯 입 모양으로 말한다.) 바로 저기에 있어요.

르네: (몸을 숙이며 사샤에게 평상시의 목소리로 말한다.) 진짜 좋겠네요?

사샤: (무심히) 뭐가요?

르네: (열광하고 흥분한 것처럼) 여기서 안내직원으로 일하는 거? 여기 이 모든 것들이랑 있는게요.

사샤: (약간 지겹다는 듯) 별로요. 인턴만 하고 나갈 거예요. 사실은 지금 새 안내직원을 뽑는 중이에요.

르네: (믿을 수 없다는 말을 들었다는 듯 사샤를 쳐다보며) 말도 안돼. 이봐요. 완전 꿈의 직장이잖아요.

사샤: 마케팅 부에 잘 전해드릴게요.

르네: 네. 그럼 그만 가 볼게요.

- a person's jaw drops
  놀라서 입을 크게 벌리다
- wide-eyed
  눈이 휘둥그레진
- point of view
  관점, 견해
- contained
  억제하는, 자제하는
- nonchalantly
  무심하게, 무관심하게

I'm just an intern filling in.
'fill in'은 '(시간을) 때우다'라는 뜻으로 '인턴 기간만 때울 것이다'라는 의미로 사용되었다.

Zoom In

I'm just an intern filling in.
인턴만 하고 나갈 거예요.

Turns to leave and starts walking towards the door.

AVERY: (to all) Can we all say hello to my Grandmother Lily who will be joining us today.

Camera pans to the adjacent room where Avery is talking to a group of women seated around a large white table in a voice that sounds slightly child-like.

AVERY: Hello Lily. We are in our third quarter of our fiscal year, and as you are all aware the research results have come in on our Diffusion Line.

LILY: (Her voice is much deeper, and she sounds much more business-like compared to Avery's.) Do you have to say Diffusion like that?

AVERY: Like what?

LILY: Like it means 'low end'?

AVERY: It does mean low end.

LILY: It also means accessible. Or thoughtfully priced. Say it like that.

AVERY: Okay. It seems that we have some work to do on our Diffusion...line because we are new to the...Diffusion landscape. We need to get people used...(rolling her eyes and sounding resigned) ...to seeing our products, not just at Saks and Bendels, but also at Target and Kohls. Jenn go.

JENN: (to all) Well it says here that 74% of core Diffusion demo respondents...strongly believe that we are...elitist pricks.

Camera pans to Lily who looks down, knowingly.

돌아서 문으로 향하기 시작한다.

에이버리: (모두에게) 오늘 우리와 함께 해 주실 저희 할머니께 인사 부탁드려요.

카메라가 가까이 있는 방을 비춘다. 그 곳에 있는 크고 하얀 책상에 한 무리의 여성들이 앉아있고 에이버리가 약간 어린애 같은 목소리로 말하고 있다.

에이버리: 와 주셔서 감사해요, 할머니. 이번 3분기 결산을 맞아, 보급형 라인에 대한 리서치 결과가 막 나왔어요.

릴리: (릴리의 목소리는 더 낮고 에이버리랑 비교했을 때 훨씬 사업가처럼 들린다.) 보급형을 그런 식으로 말해야 하니?

에이버리: 그런 식이라니요?

릴리: 마치 '싸구려' 처럼 들리게 말이다.

에이버리: 싸구려 맞잖아요.

릴리: 사용에 편리하다거나 합리적으로 배려한 가격일 수도 있지. 그렇게 말하렴.

에이버리: 알았어요. 보급형 라인에 좀 더 해야 할 일들이 있어요. 보급형 분야는 처음이니까요. 고객들이 (눈을 굴리면서 체념한 듯이) 우리 제품을 명품 매장만이 아니라 할인점에서도 볼 수 있게 해야해요. 젠, 시작해.

젠: (모두에게) 리서치를 보면, 보급형 샘플 핵심 응답자의 74%가… 저희 브랜드를 엘리트주의를 신봉하는 재수없는 것들이라고 굳게 믿고 있어요.

카메라는 다 안다는 듯이 아래를 바라보는 릴리를 비춘다.

- the adjacent room
  인접한 방, 옆 방
- diffusion line
  보급형 라인
- business-like
  사무적인, 또렷한
- low end
  값이 싼, 저가의
- prick
  멍청한 놈
  an incessantly annoying or obnoxious person

We are in our third quarter of our fiscal year.
quarter는 1년을 기준으로 분기를 의미하는 표현이다.
quarter
= 1/4분기, first quarter
= 2/4분기, second quarter
= 3/4분기, third quarter
= 4/4분기, fourth quarter

Zoom In

We are in our third quarter of our fiscal year.

현재 우리는 3분기 결산을 맞이하였습니다.

AVERY: Okay...(trying to sound in charge)...so what I am hearing, is that we need to pivot...in order...

LILY: (slapping her hands on the table) This is not rocket science, Avery.

Getting up and moving to stand at the head of the table. Avery moves aside for her and stands with her hands clasped in front of her, like a repentant child.

LILY: We're just trying to start a line of accessible cosmetics at Target. (leaning into the table and becoming forceful) Who here has gone makeup shopping at Target? (to Jenn) You?

JENN: (immediately, as if denying an accusation) No!

LILY: (to Helen and man sitting next to her) Either of you?

HELEN: (to Lily with eyes down) No.

LILY: (turning to look at Avery who looks away, her gaze up to the ceiling.) Unbelievable. (addressing everyone) People think...that we are elitist who do not belong at Target. And they may be right. But when people walk into this office... I want them to see that Lily LeClaire includes everyone. Even bargain shoppers.

Avery looks thoughtful.

IN THE RENEE' S OFFICE.
Laptop screen showing the website page for Lily LeClaire Careers. The page is the listing for the receptionist position at Lily LeClaire.

Camera changes to Renee sitting at her office desk, reading the page. Behind her are the basic shelves stacked with boxes of their products.

에이버리: 좋아요… (책임자처럼 들리도록 말하려 애쓰며) 듣고 보니, 우리는 방향전환을 할 필요가…

릴리: (손으로 책상을 쾅 치면서) 어려울 거 없어, 에이버리.

일어서서 테이블 상석으로 가면서. 에이버리는 약간 비켜서서 혼나는 아이처럼 손을 앞에 가지런히 모으고 서 있다.

릴리: 우리는 딘지 편하세 사용할 수 있는 화장품 라인을 시작하려는 거야. (테이블로 몸을 숙이며 강력한 어조로) 할인점에서 화장품 사 본 사람? (젠에게) 너는 사 봤어?

젠: (혐의를 부인하는 것처럼 바로) 아니요!

릴리: (헬렌과 그 옆에 앉은 남자에게) 너희들은?

헬렌: (릴리에게 눈을 내리깔면서) 아니요.

릴리: (몸을 돌려 천장을 올려다보고 있는 에이버리를 쳐다본다.) 어이가 없군. (모두에게) 고객들은 우리를 할인점과 전혀 관련 없는 엘리트로 보고 있고, 그게 맞을 수도 있어. 하지만 사람들이 사무실에 들어왔을 때… 나는 우리 릴리 르클레어가 모든 계층의 고객들을 염두에 두고 있다는 걸 사람들에게 알리고 싶어. 물론 할인점 고객까지도 포함해서 말이야.

에이버리가 생각에 잠긴 것 같다.

르네의 사무실
노트북 화면으로 릴리 르클레어 구인 페이지 창이 보인다. 그 페이지에는 릴리 르클레어의 안내 직원 자격 요건이 적혀있다.

카메라는 사무실 책상에 앉아서 구인 페이지를 읽고있는 르네를 보여준다. 뒤에 있는 선반에는 회사 제품이 박스에 담겨 쌓여있다.

- **pivot**
  회전하다, 돌다
  A pivot is where a start-up company decides to switch direction in how they make their revenue.
- **repentant**
  뉘우치는, 회개하는
- **deny accusation**
  혐의[의심]를 부인하다
- **elitist**
  엘리트주의자
- **bargain shopper**
  알뜰한 소비자

This is not rocket science.
rocket science는 굉장히 이해하기 어려운 것을 의미한다. 보통 이 문장처럼 부정의 형태로 쓰여 '어려운 일은 아니다'라는 뜻으로 사용된다.

Zoom In

This is not rocket science.
어려울 거 없어.

RENEE: (to herself) Must be passionate about beauty. Me... and dream of sitting in our lobby. (emphatically) Me... at the center of it all. Must be stylish and full of confidence. I mean, maybe not full of confidence. The first face people see when they come to our office, in some ways the real face of our beauty line, (disheartened) whatever...

IN THE COSMETICS STORE.

We see Renee in the store mirror as she lackadaisically looks at items on the rack while talking into her phone.

RENEE: Yes, it is the perfect job. Of course, I know that. I'm just, I don't even see a point in applying. I have no shot. Yeah I'm not exactly the face they' re looking for. (Eyes widening. She sees Mallory's reflection in the mirror, browsing in the next aisle.) Oh hey Jane, can I call you back.

Camera pans to Renee moving purposefully towards Mallory

RENEE: (to Mallory) Hi. Renee. We kinda met at SoulCycle...

MALLORY: (surprised, placing her hand on the side of her face.) Oh my God.

RENEE: Yeah. Yeah.

MALLORY: How is your vagina? Like the whole region?

RENEE: (putting her phone in her bag) Thanks for asking, the region is kinda as good as can be expected.

MALLORY: Was there blood?

RENEE: There was not–not blood.

CUTE GUY: (holding a basket of products) (to Mallory) Hey, hi. Wow.

르네: (혼잣말로) 아름다움에 대한 열정이 있는 분. 나네... 로비 근무를 꿈꾸시는 분. (단호하게) 나야… 회사의 중심이니까. 스타일리시하고 자신감이 가득한 분. 뭐, 가득까진 아니지만. 사무실 방문객들이 처음 마주하는 얼굴로, 어떻게 보면 우리 제품의 진정한 얼굴입니다. (의기소침해서) 모르겠다…

화장품 매장.
메장 거울로 르네가 보이고 그녀는 전화하면서 진열대의 물건을 내충 살펴보고 있다.

르네: 그래, 완벽한 일자리야. 나도 아는데. 그냥, 지원해봤자 소용없을 거 같아. 될 리가 없잖아. 그래. 난 회사에서 찾는 얼굴이 아니니까. (눈이 커진다. 다음 코너에서 구경 중인 맬러리가 거울에 비친다.) 오, 제인. 이따가 다시 전화할게.

카메라가 맬러리에게 의도적으로 다가가는 르네를 보여준다.

르네: (맬러리에게) 안녕하세요. 전 르네예요. 우리 소울사이클에서 만났었는데.
맬러리: (놀라서, 얼굴 옆에 손을 갖다댄다.) 세상에.
르네: 네. 르네예요.
맬러리: 거긴 괜찮아요? 제대로 부딪힌 거 같던데?
르네: (핸드폰을 가방에 넣으며) 신경 써줘서 고마워요. 거기는 정말 아무렇지도 않아요.
맬러리: 피가 나진 않았어요?
르네: 한 방울도 안났어요.
작업남: (쇼핑 바구니를 들고 맬러리에게) 저, 안녕하세요. 대박

- passionate
  열정적인
  =enthusiastic, eager, ardent, impassioned
- emphatically
  강조하여, 단호히
- lackadaisically
  부주의하게, 생각에 잠겨
- talk into the phone
  통화하다, 전화를 하다
- vagina
  질

I don't even see a point in applying.
point는 '(의도하는) 의미'를 나타낸다. 따라서 이 문장에서 'don't see a point in~'는 '무언가를 해야하는 의미를 찾지 못하겠다'란 뜻을 가진다.

Zoom In

I don't even see a point in applying.
지원해봤자 소용없을 거 같아.

RENEE: (to cute guy) Hey...

CUTE GUY: I'm sorry. I'm so lost. Could you tell me where to find that squeezy dish-soap?

MALLORY: Ah...

CUTE GUY: Now you're probably wondering why...I'm not asking the person that obviously works here.

RENEE: (turning to look around to guy) I don't work here...

CUTE GUY: But I've gotten really good at dishes. And so I was just wondering if you might have some dishes...

RENEE: (to cute guy) Oh my gosh, I'm so sorry I forgot it's in aisle 10.

CUTE GUY: (to Renee) Hey, we're good sir. (to Mallory) I was thinking, you could give me your number...

MALLORY: I'm so sorry, I don't give out my number. It's nice to meet you. So...

CUTE GUY: It's nice to meet you.

MALLORY: Good luck with the dishes and everything else.

CUTE GUY: Thank you.

Moving to look at items on the shelf.

RENEE: (to Mallory Impressed) Does that kind of stuff happen all the time?

Moving slowly down the aisle.

MALLORY: (to Renee) What? Him?

RENEE: Yeah, like a guy like trying to hook up with you in a totally normal place?

르네: (작업남에게) 안녕하세요.

작업남: 죄송하지만 물건을 못 찾아서요. 주방용 세제가 어딨는지 아세요?

맬러리: 아..

작업남: 옆에 직원 있는데 묻는 게 이상 하시겠지만…

르네: (주변을 돌아보면서 남자에게) 저 직원 아닌데요.

직입남: 제가 설거지를 진짜 잘하거든요. 그래서 말인데 혹시 설거지 하실 게 있다면…

르네: (작업남에게) 아 맞아, 주방용 세제는 10번 통로에 있는걸 깜빡했네요.

작업남: (르네에게) 이봐요, 끼어들지 말아요. (맬러리에게) 그러니까, 전화번호를 주시면…

맬러리: 죄송하지만, 아무한테나 전화번호를 드릴 순 없어요. 반가웠어요. 그럼..

작업남: 반가웠어요.

맬러리: 설거지며 다른 일도 잘 되시길 바래요.

작업남: 고마워요.

진열대의 다른 물건을 보려고 움직인다.

르네: (맬러리에게 감탄했다는 듯이) 이런 일 매번 겪어요?

천천히 통로를 지나간다.

맬러리: (르네에게) 무슨 일이요? 저 남자요?

르네: 네, 남자가 이런 슈퍼같은 데서 작업을 건다거나?

- **squeezy**
  짜는, 짜서 쓰는
  designed to be squeezed, especially in order to extract something
- **dish-soap**
  주방용 세제
- **hook up with**
  ~와 만나서 시간을 보내다

I don't give out my number.
현재형을 사용하여 평소에도 하지 않는 행동이라는 의미를 내포하고 있다.
- give something out (많은 사람들에게) ~을 나눠 주다뜻을 가진다.

Zoom In

I don't give out my number.
아무한테나 전화번호를 드릴 순 없어요.

MALLORY: Yeah, I'm sure that happens to you all the time too.

RENEE: Ahh, no. That has literally never happened to me in my life.

Stopping and picking a bottle of vitamins off the shelf.

MALLORY: Yeah, well I don't believe you.

RENEE: Wait, can I ask you a question?

MALLORY: Yeah. (turning to look directly at Renee)

RENEE: Did you...ever go on a trip to like Italy or something and you land at the airport and then like, and you meet these two guys and they're like, hey come on this yacht with us, and then you wind up going on a yacht trip to Capri...and it's like this whole other part of your trip...you didn't even foresee?

MALLORY: Yeah.

RENEE: But...

MALLORY: I had on like that last summer. In Greece though, not Italy.

RENEE: (adjusting her bag strap on her shoulder) I knew it. I knew it! I knew it!

MALLORY: (turning to start walking again) Yeah.

맬러리: 네, 당신도 매번 겪는 일 같은데요.
르네: 맙소사, 아니요. 정말 평생 한 번도 그런 적 없었어요.

멈춰 서서 진열대에 있는 비타민 병을 집는다.

맬러리: 에이, 설마. 거짓말하지 말아요
르네: 저기, 하나만 물어봐도 돼요?
맬러리: 그럼요. (돌아서서 르네를 똑바로 바라보며)
르네: 이런 적 있어요? 이탈리아 같은 데로 여행을 가서 공항에 도착했는데, 어떤 남자 둘이 이러는 거예요. "같이 요트 타러 가요" 그래서 카프리 섬으로 요트 여행을 떠나게 된다거나 전혀 예상치 못한 다른 여행을 간다거나 하는…?
맬러리: 네.
르네: 아니 정말로..
맬러리: 작년 여름에 그런 일 있었어요. 이탈리아는 아니고, 그리스였지만.
르네: (어깨에 가방 끈을 추켜 올리면서) 내 그럴 줄 알았어요!
맬러리: (돌아서서 다시 걷기 시작한다). 그래요.

- literally
  말 그대로, 정말로
- yacht
  요트
- wind up
  마무리하다, (어떤 장소, 상황에) 처하게 되다
- adjust the bag strap
  가방 끈을 고쳐매다

That has literally never happened to me in my life.
'literally'는 '말 그대로, 그야말로'라는 뜻으로 전달하고자 하는 메시지를 강조하는 표현이며 'never'도 부정을 강조하는 표현으로 이 문장은 강력한 부정의 의미를 담고 있다.

Zoom In

That has literally never happened to me in my life.

정말 평생 한 번도 그런 적 없었어요.

RENEE: God I know that stuff happened. Oh man, I've just... (It's as if this is a moment of truth.) I've always wondered what it feels like...to be like just undeniably pretty. And just have all those parts in life open up to you that you only get to experience when you look like you. Just once...I mean, I don't think that this....mascara or wet'n wild bronzer can do that kind of heavy lifting. So I'll just pray for a miracle.

CUTE GUY: (to all) Hey. It's not in 10.

RENEE: (to guy) 9. It was aisle 9. Do you want me to show you?

MANAGER: (to Renee) Can we get you back to register 2?

RENEE: (turning to manager) I don't work here.

르네: 그럴 것 같았어요. 정말, 그냥… (진실의 순간이라는 듯 말한다). 어떤 기분일지 너무 궁금해요. 누가 봐도 예쁜 거요. 세상 모든 게 당신에게 마음을 여는 기분. 당신처럼 생겨야만 경험할 수 있잖아요. 정말 단 한 번만이라도 그럴 수 있다면... 사실, 저 같은 사람은 마스카라나 선탠 브론저를 쓴다 해서 그런 일이 생기진 않으니까. 그러니 그저 기적을 바랄 수 밖에요.

작업남: (맬러리와 르네에게) 이봐요, 10번 통로에 없는데요.

르네: (남자에게) 9번. (남자에게) 9번 통로에 있어요. 같이 가드려요?

매니저: (르네에게) 2번 계산대로 돌아가서 일 좀 할래요?

르네: (돌아서며 매니저에게) 직원 아니라니까요.

- **undeniably**
  명백하게, 틀림없이
- **mascara**
  마스카라
- **bronzer**
  피부를 햇볕에 그을린 것처럼 보이게 하는 화장품

Can we get you back to register 2?
계산대로 돌아가는 사람은 'you'지만 'we'라는 주어를 사용하여 돌아가길 원하는 사람이 말을 하고 있는 사람이라는 의미를 내포하고 있다.

Zoom In

Can we get you back to register 2?

2번 계산대로 돌아가서 일 좀 할래요?

Movie Talk

Young people's lifestyles

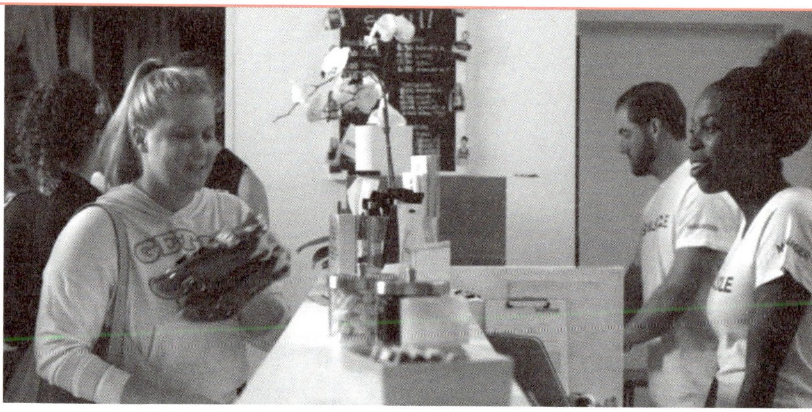

TASHA:	Okay, what size?
RENEE:	Eight.
TASHA:	Eight?
RENEE:	Seven.
TASHA:	Seven? Okay.
RENEE:	Nine and a half.
TASHA:	A nine and a half?
RENEE:	Nine...
TASHA:	Okay.
RENEE:	Double wide?
TASHA:	Double what?
RENEE:	Double wide?
TASHA:	Like the trailer?

미국의 사이즈 문화에 대해서 알아보자. Chapter 1의 대화에서, 르네가 사이즈 8이라고 했다가 7 이라고 했다가 결국 본인의 사이즈인 9와 반 이라고 한다. 특이하게도 미국만큼은 Metric system (미터법)이 다르다. 미국의 미터법은 영국의 Imperial system 또는

British Imperial이라 불리는 미터법을 채택하게 되었는데, 영국의 미터법은 특히 16세기부터 19세기까지 유명했던 미터법이다. 이때 당시의 미터법을 미국은 그대로 채택하여 오늘날까지 사용해 오고 있어서, 킬로미터(km) 대신 마일(miles), 센티미터(cm) 대신 인치(inch), 미터(meter) 대신 풋(foot) 등으로 쓴다. 재미있는 사실은 캐나다는 우리나라와 같은 미터법을 사용하기에 캐나다인과 미국인이 만나서 미터법에 관련된 이야기를 하면, 오히려 우리나라 사람은 캐나다 사람과 잘 통하고 미국 사람과는 서로 계산하느라 정신이 없다.

다시 대사로 돌아와서 르네는 사이즈 9와 반을 달라고 한다. 이 사이즈는 한국 사이즈로 265정도인데, 대체적으로 여기 운동하러 오는 다른 여자들에 비해 많이 큰 편에 속한다. 더군다나 발 사이즈

를 double wide으로 달라고 했다. Double wide는 볼사이즈 두 배에 해당하는 사이즈로 볼이 넓은 사람을 위해서 따로 나오는 신발 사이즈이다. 우리나라 같은 경우에는 특별제작을 해야 하지만, 미국에서는 기본 사이즈로 Double wide가 나오기도 한다. 여기서 미국은 다양한 사이즈를 가진 사람들을 위해서 정말로 다양한 사이즈가 나온다는 것을 알 수 가 있다. 예를 들어 청바지를 하나 사더라도 Short, Skinny, wide 이라는 다양한 사이즈가 나오고 있다. 이 장면에서 타샤가 Like a trailer? 라고 물어본다. Trailer는 등산화 같은 트래킹화를 말하니 상당히 큰 신발을 의미한다.

르네가 온 장소는 영화상에서 Soul Cycle이라는 장소로, 스피닝을 하는 운동센터이다. 우리나라에서도 특정 운동이 유행을 하는 것

처럼 미국에서도 특히 도심에서 스피닝이 매우 유명하다. 정확히 언제부터 유명했다고 볼 수는 없지만, 광고에서도 일반적으로 등장하는 것으로 봐서는 정말 많은 사람들이 즐겨 찾는다고 보면 된다. 이때 중요한 것은 운동 인스트럭터이다. 얼마나 동기부여를 자극하며 사람들로 하여금 스피닝을 계속하여 살을 뺄 수 있도록 하는 것이 중요한 일이다. 또한 스피닝 기계에 발이 떨이지지 않게 딱 달라 붙을 수 있는 전용신발을 따로 사용해야하는데 바로 이 장면에서 르네가 그 신발을 265 사이즈를 더군다나 볼사이즈 2배짜리로 달라고 한 것이다.

운동으로 살 뺀다는 것은 누구나 쉽게 알고 있는 상식 중에 하나이다. 하지만 근래에는 여러 연구들이 운동보다는 식이요법이 좋다고들 한다. 미국에서 만큼은 운동이 절대적이라고 믿는 사람들이 많다. 그러다보니 헬스장(gym)이라든가, 이런 스피너 센터들에는 사

람들이 늘 붐빈다. 미국의 음식이 짜고 달고 기름이 많은 음식들도 많고 정크푸드(junk foods)들이 많아서 다양한 체형의 사람들이 많다. 살이 엄청나게 찐 거구의 사람들도 많지만 운동을 즐기는 사람들도 상당히 많으며 대도시의 젊은이들은 운동을 생활의 일부로 건강을 유지한다.

JANE: It's not Groupie. It's Grouper Date. And you're not bailing because we need three people in order to get matched on a date.

영화 내에서 Groupie는 온라인 데이트 매칭 사이트이다. 2000년도 중반쯤 미국에서 온라인 데이트 사이트가 유행하기 시작했다. E-harmony 이라든가 Tinder이라든가, 온라인 데이트 사이트로 유명한 것들이다. 대체적으로 조금씩은 다르지만, 기본적으로 본인의 프로필을 넣어서 사이트에서 가지고 있는 알고리즘으로 확률이 높은 짝을 찾아주는 형식이다. 우리나라처럼 선, 소개팅(blind dates) 같은 개념이 있기는 하지만 흔하지 않고, 돈을 지불하고 하는 체계적 만남형식인 Speed dating정도 밖에 없는 상황에서 누구를 만나는 것은 참 쉽지 않다. 그래서 온라인 사이트로 만나는 것이 점점 유행하기 시작하였고 성공 사례도 많아지면서 사람들이 많은 관심을 가지게 되었다. 영화에서처럼 꼭 외모가 부족하기 보다는 오히려 만날 시간이 없다든가, 아니면 직장 사정상 특정 시간대만 된다든가, 수줍음을 많이 탄다던가, 취미가 특이하다던가 하는 사람들에게 많이 애용이 되고, 이제는 거의 당연하게 누구를 만나는 것을 앱을 통해서 하는 일이 많아졌다. 추가적으로 재미난 사실은 이런 온라인 데이트 사이트들의 인기가 많아지면서 단순히 매칭만 하는 것이 아니라 인종, 직장, 관심 분야로 세분화가 되었다. 예를 들어서 아시아인들이 사용하는 데이트앱, 선생님들이 사용하는 데이트앱 형태이다.

RENEE: ..because I have no clean undies. I have a Bed, Bath and Beyond bag for my purse. No!

Bed, Bath and Beyond는 집안에 들어가는 여러 가지 잡화를 파는 가게이다. 주방용품, 화장실용품, 침실 용품 등 다양하게 판다. 대체적으로 알고 있는 저가 제품보다는 살짝 한 단계 위의 제품들이지만, 여진히 지렴한 가격으로 판매되기 때문에, 특히 여기 영화에서 나오는 고급 화장품 본사에 갈 때 이런 싸구려 가방을 들고 간다는 것은 말도 안되는 일이다.

Bed, Bath and Beyond는 대학생들이 가기에는 조금 가격이 높다고 볼 수 있다. 오히려 후반부에 나오는 Target이나 Walmart 같은 곳에서 물건을 저렴하게 구입하는 경향이 많다. 이때 학기가 시작하는 8월말~9월초에 큰 주립대학교 주변에서는 대란이 일어난다. Target이나 Walmart에서 물품들이 완전히 품절되어 더 이상 선반에 아무것도 남지 않는 사태를 볼 수가 있다. Back to school이라는 슬로건을 내걸고 세일행사를 진행하여, 모든 재고를 소진하려고 한다. 단순히 학교 용품뿐만 아니라 기숙사방에 들어가는 플라스틱 선반이라든가 조명등이라든가 거울 같은 생활용품들도 모두 품절이 되기도 한다. 물론 대도시 학교들은 가게도 많고 주변 동네에 근접성이 용이한 지역에서는 괜찮지만, 일반적인 College town에서는 큰 가게들이 3~4개 정도 있는 것이 전부이다. 바로 이때 물건이 떨어질 경우 Bed, Bath and Beyond를 가면 그나마 많은 물건들이 남아 있는 경우가 많다. 학부생들이 사기에는 살짝 가격이 높기 때문에 대체적으로 이미 직장이 있거나, 형편이 좋은 유학생들이 자주 간다. 옷걸이, 수납장 등 다양한 물건을 구할 수가 있다. 물론, 정말 운이 없다면 여기마저 물건이 다 떨어지는 경우를 가끔 볼 수가 있다.

AVERY: ...to seeing our products, not just at Saks and Bendels, but also at Target and Kohls. Jenn go.

Saks, Bendels는 대도시에나 가야 구경 할 수 있는 생각보다 고급 물건들도 많고, 일반적으로 유학생들이 가는 College town에서는 찾아보기가 매우 힘든 고급 백화점이다. 가격 면에서나 서비스 면에서나 국내 백화점과 비슷하다. Bloomingdales도 유명하고 여러 미드나 영화에서 자주 나오는 백화점인데, 이 두 백화점보다 한 단계 떨어진다고 보면 된다. 특히 이미 누구나 다 알고 있는 프렌즈 시트콤에서 레이첼이 Bloomingdales에 가는 것을 매우 좋아한다. 의사의 딸이고 돈이 많은 집안의 딸인것을 감안하면 Bloomingdales도 꽤나 좋은 백화점인데, 이보다 좋은 백화점이 Saks와 Bendels이다.

Target과 Kohls는 성격이 매우 다른 상점이라고 볼 수 있다. 먼저 Target은 간단한 식품류, 전자제품, 자체 브랜드 및 저가 브랜드 옷, 생필품 등을 판매한다. 어떻게 보면 우리나라의 이마트나 홈플러스에서 식품판매 장소를 제외하면 이와 매우 유사하다고 볼 수 있다. 대체적으로 선생님들과 유학생들이 즐겨 찾는 곳으로 2~3년 사용할 물건을 아주 싼 가격에 살 수가 있다. 특히 세일을 하거나 블랙프라이데이 세일인 경우에 Target은 사람들이 엄청나게 몰려든다고 볼 수가 있다. 많은 사람들이 Walmart와 비슷하다고 평가하는 경우가 있는데 엄밀히 따지자면 Walmart보다는 살짝 한 단계가 위의 상점이라고 보면 되며, 자체브랜드도 꽤 쓸만하다고 볼 수가 있다. Walmart의 자체 브랜드는 웬만해서는 안 사려고 하는 게 일반적인

데, 이에 비하면 나름 Target의 물건들은 그래도 쓸만하다고 볼 수 있다.

Kohls의 경우, 물론 전자제품도 팔기도 하지만 전체적으로 옷과 패션상품들을 집중적으로 판매한다. 신발, 옷, 정장, 침구세트, 액세서리를 주로 판매하며, 나름대로 옷감의 질도 나쁘지 않다. 수준은 Walmart이나 Target에 비해 한두 단계 위라고 보면 된다. 자체 브랜드라고 하기에는 애매하나, 꽤나 가격이 높은 옷도 판매를 하며, 나이키, 아디다스, 리바이스 등 유명 브랜드도 많이 들어와 있다. 재미있는 사실중 하나는 그날 산 옷을 결제할 때 꼭 영수증에 오늘 얼마만큼 할인을 받으셨습니다! 라고 크게 문자로 표기하고 직원이 상세하게 동그라미 까지 쳐준다. 마치 정말 할인을 많이 받은 것처럼 느껴지게 되는 착시 현상을 주는 서비스이다.

Chapter 3

새로운 르네

The new Renee

시간 00:20:21~00:34:11

INSIDE RENEE'S APARTMENT.

She's lying on her sofa, leaning on one elbow, holding a glass of red wine, watching TV. She takes a sip of the wine.

The TV screen has an image with the writing ZOLTAR SAYS – MAKE YOUR WISH

JOSH: (on the TV–to himself) Make my wish... Right. I wish I were big.

A crash of thunder outside. Renee looks up and puts her glass down. She gets up and goes to the window, checks outside. It's raining heavily. She turns and looks at the TV intently. She's wearing a white t-shirt with an image of a pink unicorn on it.

JOSH: (reading the fortune card) Your wish is granted.

Renee looks decisive.

Outside in the rain. Renee in a pink raincoat runs up to the statue standing in the middle of a fountain.

RENEE: (to herself) This is crazy! This is crazy! (out loud–to the statue) I wish.. I wish I was beautiful! Please. Please, please...

르네의 아파트.
르네는 한 쪽 팔로 기대고 누워서, 레드 와인을 들고 텔레비전을 보고 있다. 그녀는 와인을 한 모금 마신다.
텔레비전 화면에 '졸타에게 소원을 비세요' 라는 글귀가 보인다.

조쉬: (텔레비전에서-혼잣말로) 내 소원은... 좋아. 커지고 싶어요.

밖에서 천둥이 친다. 르네는 고개를 들고 와인 잔을 내려놓는다. 일어나 창문으로 가서 밖을 확인한다. 비가 퍼붓듯이 쏟아진다. 돌아서서 텔레비전을 유심히 본다. 그녀는 핑크색 유니콘이 그려진 하얀 티셔츠를 입고 있다.

조쉬: (행운의 카드를 읽으면서) 당신의 소원은 이루어질 겁니다.

르네는 결심한 것처럼 보인다.
비가 오는 밖. 르네는 핑크색 우비를 입고 분수 가운데에 있는 동상으로 달려간다.

르네: (혼잣말로) 미쳤지! 미쳤어! (큰 소리로 동상을 향해) 제 소원은, 아름다워지고 싶어요! 제발, 제발, 소원을 이루게 해주세요…

- elbow
  팔꿈치
- take a sip
  한 모금 마시다
- fountain
  분수

She kisses a coin and flips it into the water in the fountain.

She takes her compact out of her pocket, opens the lid, and expectantly looks at herself in the mirror. Disappointed that she is still the same, she flips the cover shut, looks back at the statue, then turns to leave, dejected.

SOUL CYCLE.
Close up of a bike seat, then someone's hand adjusting the seat. Renee is bent over the seat trying to push it down. She's in the middle of the close-packed rows of exercise bikes, all with fit and tanned women exercising. She clips her shoes to the pedals of her bike and is ready to ride when Luna walks in.

LUNA: (out loud) What's up Soho, I'm Luna! (everyone claps and cheers) Are you ready! Alright, y'all... (She walks back and forth in front of the group of women, all exercising strenuously.) I don't know what you came in here for today. But what I do know is that the miracle is already here. You just have to open your heart and receive it. I want you to look in the mirror...and visualize the change you came in here for. Is it spiritual? Is it physical? Is it emotional? (She stops and looks directly at Renee.) Today I want you to...look in the mirror...you're not going to see what you normally see. Today you're going to see...what you've always wanted to be. (She walks away. Renee seems to be inspired.) So you ready to get your life! Soho are you ready to get your life! Are you ready to get your life! Get your life! Change your body! Change your life!

RENEE: (screaming) Yeah! Three!

Renee starts pedaling with gusto.

르네는 동전에 키스를 하고 분수에 던진다.

르네는 주머니에서 콤팩트를 꺼내, 뚜껑을 열고, 기대하면서 거울을 들여다본다. 여전히 똑 같은 모습에 실망해서, 뚜껑을 확 닫는다. 동상을 다시 한 번 보고 맥없이 돌아서 간다.

소울 싸이클.
자전거 안장이 클로즈업 되고, 누군가의 손이 안장을 조정한다. 르네가 안장에 몸을 굽히고 꾹꾹 눌러본다. 그녀는 빽빽하게 놓여 있는 자전거들 가운데 있다. 날렵하고 태닝한 몸매의 여성들이 운동하고 있다. 자전거 페달에 신발을 고정하고 탈 준비를 하자 루나가 들어온다.

루나: (크게) 안녕하세요, 소호 여러분, 저는 루나예요! (모두 박수 치고 환호한다) 준비 됐나요! 좋아요. (힘차게 운동하는 여성들 앞을 왔다 갔다 걸어다닌다.) 오늘 여러분이 뭐 때문에 여기에 왔는지 모르겠지만, 기적은 이미 이 곳에 있습니다. 마음을 열고 기적을 받아들이세요. 이 곳에 와서 얻고자 하는 변화된 당신의 모습을 그려보세요. 정신적인 변화인가요? 신체적인 변화? 감정적인 변화? (멈춰서 르네를 똑바로 쳐다본다.) 오늘 거울을 보면 평소에 보던 모습이 아니라 항상 원했던 모습을 보게 될 겁니다. (루나가 멀어지고, 르네는 감동받은 것처럼 보인다.) 자, 다시 태어날 준비 됐나요! 소호 여러분, 다시 태어날 준비 된거죠! 인생을 바꿔요! 몸매를 바꿔요! 인생을 바꿔요!

르네: (소리지르며) 예! 셋!

르네가 페달을 세게 밟기 시작한다.

- **flip something shut**
  확 접다, 탁 접다
- **dejected**
  실의에 빠진, 낙담한
  =depressed, discouraged, dispirited
- **fit**
  (특히 규칙적인 운동으로 몸이) 건강한, 탄탄한, 섹시한
- **strenuously**
  힘차게
  =vigorously, furiously
- **with gusto**
  활기차게, 열정적으로

I don't know what you came in here for today.
= I don't know what brings you in here for today.
영어에서는 왜 왔냐는 표현을 할 때 'why~'로 묻는 것보다 '무엇으로 인해 오게 된 건지' 묻는 표현이 일반적이다.

Zoom In

I don't know what you came in here for today.

오늘 여러분이 뭐 때문에 여기에 왔는지 몰라요.

LUNA: (yelling out loud) Two! One!

Renee's foot slips and she crashes off the bike onto the floor. Everyone stops pedaling.

LUNA: (to Renee) Oh my God, are you okay?

Renee's hair gets caught in the spinning wheel of the bike next to where she is lying. She pulls away tearing a clump of hair out and her head bangs on the floor.

LUNA: (into her microphone) We got a white girl down.

In the locker room. Renee is lying down with her eyes closed, her head on a folded white towel. She opens her eyes and looks around.

TASHA: (to Renee) Hey. You hit your head really hard on the way down.

RENEE: (rubbing the back of her head) Sorry. Oh God...

TASHA: Here's an icepack.

RENEE: Oh God, thank you.

TASHA: And some water. And we have a complimentary bandana. (handing her the bandana)

RENEE: You didn't have to do that. (putting down the icepack) This is too much. (taking the bandana) This is huge...

Renee takes a drink of water from a water bottle, then slowly holds the bottle out in front of her while looking at her arm.

TASHA: Did something happen to your arm? (Renee holds out her other arm and looks at it, spreading out her fingers.) Should I call a doctor?

루나: (크게 소리치며) 둘! 하나!

르네의 발이 미끄러지고 자전거에서 떨어져 바닥에 세게 부딪친다. 모두가 페달을 멈춘다.

루나: (르네에게) 오 이런, 괜찮아요?

넘어진 곳 옆에 있는 자전거 바퀴가 돌아가고 있고, 그 바퀴에 르네의 머리카락이 엉킨다. 떨어지면서 머리 한 움큼을 뜯기고 바닥에 머리를 부딪친다.

루나: (마이크에 대고) 부상자가 있어요.

탈의실. 르네는 눈을 감고, 접어 놓은 하얀 수건 위에 머리를 대고 누워있다. 눈을 뜨고 주변을 둘러본다.

타샤: (르네에게) 깼네요. 넘어지면서 머리를 세게 부딪혔어요.

르네: (뒤통수를 문지르며) 죄송해요. 아, 머리야..

타샤: 여기 아이스팩이요.

르네: 세상에, 감사합니다.

타샤: 물도 있어요. 반다나도 하나 그냥 드릴게요. (반다나를 건낸다)

르네: 이러실 거 없는데. (아이스팩을 내려놓으면서) 정말 고마워요. (반다나를 받으며) 정말… 정말 고마워요.

르네는 물병의 물을 한 모금 마시고, 앞으로 천천히 병을 내밀면서 팔을 쳐다본다.

타샤: 팔이 이상하세요? (르네가 다른 팔을 뻗어서 살펴보고, 손가락을 펼쳐본다.) 의사 불러드릴까요?

- a clump of hair
  한 줌의 머리카락
- bangs
  굉음, 두드리다
- on the way down
  도중에
- complimentary
  무료의
- bandana
  반다나 (목이나 머리에 두르는 화려한 색상의 스카프)
- take a drink
  한 잔 마시다

We got a white girl down.
'get down'은 원래 '우울하게 만들다, 엎드리다'라는 뜻이 있는 데 여기서는 '엎드리다'라는 뜻으로 '백인 여성이 쓰러졌다'를 의미한다.

Zoom In

We got a white girl down.
부상자가 있어요.

Renee spreads out her legs and slowly feels both thighs.

TASHA: Are your legs okay?

RENEE: No! They're not okay. (Tasha looks taken aback.) They're amazing. Oh my God. (She leans over, moving her hands down both legs.) Do I look super toned to you?

TASHA: Ahh, I don't know how to answer that.

RENEE: Oh my God, feel my abs!

TASHA: Oh...

RENEE: Rock hard, right?

TASHA: Feels full.

RENEE: It's a rock.

TASHA: Unhuh

Tasha looks worried, as if she can't comprehend what's happening.

RENEE: Wait... (moving to the mirror to look at herself) Wait. (Looking at herself critically, intently, disbelievingly.) Wait, no. Wait. Wait. That's me?

TASHA: Yeah.

RENEE: No.

RENEE: (lifting her top to expose her stomach) What? (She rubs her stomach and turns towards Tasha, who's still standing dumbfounded.) Oh my God, do you see this?

TASHA: Yes?

르네가 다리를 뻗고 양쪽 허벅지를 천천히 만진다.

타샤: 다리 괜찮으세요?

르네: 아뇨! 괜찮은 정도가 아니에요. (타샤가 깜짝 놀란다.) 다리의 느낌이 굉장해요. 세상에나… (양쪽 다리를 손으로 쓸면서 몸을 숙인다.) 제 몸이 탄탄해 보여요?

타샤: 아, 뭐라고 해야할지 모르겠네요.

르네: 세상에, 내 배 좀 만져봐요!

타샤: 오

르네: 엄청 단단하죠, 그죠?

타샤: 꽉 찬 거 같긴 하네요.

르네: 돌덩이 같아요.

타샤: 그래요.

타샤는 무슨 상황인지 이해할 수 없다는 듯 걱정스러운 표정이다.

르네: 잠깐만… (거울을 보기 위해 움직이면서) 잠깐. (심각하고 진지하게 믿을 수 없다는 듯이 자기 모습을 보면서.) 잠깐, 어머나. 잠깐. 잠깐만요. 이게 저예요?

타샤: 네.

르네: 말도 안돼.

르네: (티를 들어올려 배를 드러내며) 이게? (배를 문지르며 놀라서 말도 못하고 서 있는 타샤를 돌아본다.) 세상에, 이거 보여요?

타샤: 네?

- thigh
  넓적다리, 허벅지
- tone
  (근육, 피부를) 탄력 있게 만들다
- stomach
  복부, 배
- dumbfounded
  (너무 놀라서) 말을 못 하는
  =stunned, amazed, astounded, bewildered

Do I look super toned to you?
강조하는 의미를 가진 super는 격식을 차릴 땐 사용하지 않는다.
• tone (근육, 피부를) 탄력 있게 만들다

Zoom In

Do I look super toned to you?
제 몸이 탄탄해 보여요?

RENEE: (She looks back in the mirror.) Look at me! Look at my jaw line! No, no, I always wanted this to happen...you dream this will happen. But I never thought it would really happen! I mean, look at me! Look at my boobs! Look at my ass! I'm... beautiful!

TASHA: (looking skeptical) Alright, if you're good. I'm going to take this back and go to the front. As long as you don't sue.

She slips out while Renee is leaning into the mirror looking stunned.

Renee bursts out of the gym onto the street. She is in a state of general excitement. She jumps up and down, throws her bag in the air, screams.
A woman is hailing a cab from the sidewalk. Long straight auburn hair, in a dress with a floral pattern and matching choker.

RENEE: (to woman) Hey, great dress.

WOMAN: (to Renee) Thanks. It's from Target.

She keeps looking for a cab, not really paying attention to Renee.

RENEE: (exuberantly) Of course it is. Aren't girls like us so lucky, that we can shop like anywhere and still look fly as hell.

WOMAN: I guess.

RENEE: Yeah!

Continuing to walk down the sidewalk.

IN FRONT OF A CAFE.
People are sitting at tables under a large, white parasol. Renee walks through them towards the door to the cafe. A well-dressed man-cream jacket, blue shirt and tie-opens the door to enter. His hand is high on the door and Renee blithely ducks under his arm to walk inside. She turns to face the man.

르네: (다시 거울을 본다.) 이것 좀 봐요! 내 턱선 좀 봐요! 말도 안돼, 항상 꿈이 이뤄지기만 빌었지. 진짜 이루어질 거라곤 생각 안했는데 날 좀 봐요! 내 가슴 좀 봐! 엉덩이도요! 나.. 엄청 예쁘잖아!

타샤: (미심쩍어 하면서) 맞아요. 당신만 괜찮다면. 이거 가지고 프론트로 갈게요. 소송만 안 하신다면요.

르네가 거울에 목을 기울여 놀라 어리둥절하는 동안 타샤는 빠르게 나간다.
르네가 체육관을 뛰쳐 나와 거리로 나간다. 그녀는 신이 나서, 팔짝 대면서 허공에 가방을 던지면서 소리친다.
한 여성이 거리에서 택시를 잡고 있다. 적갈색의 긴 생머리를 가진 여성은 꽃무늬 원피스를 입고 같은 무늬의 초커 목걸이를 했다.

르네: (여자에게) 원피스 예쁘네요.

여자: (르네에게) 고마워요. 할인점에서 샀어요.

계속 택시를 잡으려 하면서 르네에게 신경 쓰지 않는다.

르네: (신나서) 물론 그렇겠죠. 우리 같은 예쁜 여자들은 진짜 복 받은 거 아니에요? 아무데서 사 입어도 다 잘 어울리잖아요.

여자: 그런 거 같네요.

르네: 그렇죠!

다시 걸어간다.

카페 앞.
사람들이 크고 하얀 파라솔 아래의 테이블에 앉아 있다. 르네는 그들 사이를 걸어 카페 문으로 향한다. 잘 차려 입은 남자— 크림색 자켓, 파란색 셔츠, 넥타이—가 들어가려고 문을 연다. 문을 높게 잡고 있자 르네가 고맙다는 듯 팔 아래로 머리를 숙이며 들어간다. 돌아서서 남자를 쳐다본다.

- **boobs**
  여자의 가슴
- **skeptical**
  의심 많은, 회의적인
- **sue**
  고소하다, 소송을 제기하다
- **hail a cab**
  택시를 부르다
- **auburn**
  적갈색의
- **exuberantly**
  원기 왕성하게, 생기에 가득 차게
  =blithely
- **fly**
  (옷을) 쭉 빼입은 (cool, in style)

I never thought it would really happen!
'never'는 부정을 강조하는 것으로 생각해 본 적도 없다는 의미를 가지고 있다. 이 문장에서 'it'는 막연한 상황을 나타내는 것으로 특정 단어를 나타내지 않는다.

Zoom In

I never thought it would really happen!
진짜 이루어질 거라곤 생각 안했는데!

RENEE: (to man) Oh gosh! Thank you. Chivalry, alive and well.

He looks at her, bemused.
Construction workers on the street. One is operating a jackhammer. Another man whistles to attract the attention of another worker as Renee walks by.

WORKER: (out loud) Jimmy, come here!

Renee smiles to herself, stops, turns to face the man, and blows him a kiss then walks on.

The elevator doors at the LeClaire office open and Renee walks in confidently, holding a file. She puts the file on the reception desk. Sasha is standing behind the desk, showing something to another woman.

RENEE: (to Sasha) For Lisa in HR. My name's Renee Bennett. And I'm applying for the receptionist job.

Both women look at her and move their heads slightly as if to acknowledge her without saying anything. Renee heads back to the elevator, open-mouthed, empowered by her feeling of audacity.

IN A BAR.
Vivian is sitting down. Renee appears behind her, bringing her hand around to cover Vivian' s mouth.

RENEE: (to Vivan) Don't scream. Slowly turn around. Okay, I know...you don't recognize me? I know that. But I'm going to prove to you that I am your friend. Your good friend.

JANE: Hey sluts.

RENEE: Oh my God. Okay. Don't scream.

VIVIAN: (with Renee's hand still on her mouth) No one...No one is screaming.

르네: (남자에게) 어머! 고마워요. 기사도 정신이 투철하시네.

그 남자는 곤혹스런 표정으로 르네를 바라본다.
거리에 건설현장 인부들이 있다. 한 명은 착암기를 쓰고 있다. 또 다른 남자는 다른 인부를 부르기 위해 휘파람을 부는데, 그 때 르네가 옆을 지나간다.

인부: (크게) 지미, 이리 와!

르네가 흐뭇해하며, 멈춰서 남자를 쳐다본다. 그리고 그에게 키스를 보내고 계속 길이간다.

르클레어 사무실의 엘리베이터 문이 열리고 파일을 든 르네가 위풍당당하게 걸어 들어온다. 안내 데스크에 파일을 올려 놓는다. 사샤가 데스크 뒤에 서서 다른 여성에게 무언가 보여주고 있다.

르네: (사샤에게) 인사과 리사에게 전해주세요. 전 르네 베넷이에요. 안내 직원 자리에 지원하려고요.

둘 다 르네를 바라보고 알아 들었다는 듯 말 없이 고개를 까딱한다. 르네는 다시 엘리베이터로 향하는데 입이 벌어지고 자신의 당당한 모습에 고무되어 있다.

바.
비비안이 앉아 있다. 르네가 그녀의 뒤에서 나타나 손으로 비비안의 입을 막는다.

르네: (비비안에게) 소리 지르지 마. 천천히 돌아봐. 그래, 못 알아보는 거 나도 알지만, 네 친구라는 걸 증명할게. 네 친한 친구.
제인: 이 년들.
르네: 세상에. 알겠어. 소리 지르지 마.
비비안: (르네의 손이 여전히 입을 막은채로) 아무도, 아무도 소리 안 질러.

- jackhammer
  휴대용 압축 공기식 드릴, 착암기
- blow somebody a kiss
  ~에게 (손시늉으로) 키스를 보내다
- HR (human resources)
  인사과
- audacity
  뻔뻔함
  the confidence to say or do what you want, despite difficulties, risks, or the negative attitudes of other people
- recognize
  인정하다, 인식하다

Chivalry, alive and well.
감탄하면서 한 말이기 때문에 완전한 문장이 필요하지 않다.
- chivalry 기사도 정신
- alive and well (현존할 리가 없는 것이) 남아서, 건재하여

Zoom In

Chivalry, alive and well.
기사도 정신이 투철하시네.

RENEE: Don't even make the noise you just made. Okay. Okay, now I know you don't recognize me. (Jane and Vivian look at each other.) You're thinking who is this girl? And why is she here? What was she doing...covering our screaming ass mouths. You guys, it's me. Renee.

JANE: (to Vivian) What's happening? (Renee holds out both arms and slowly spins around.)

VIVIAN: Full spin.

RENEE: (incredulous) Oh my God, you don't believe me. Why would you? Okay. I'm going to prove to you...that I'm Renee. Alright, I'm just going to tell you something...that there's no way I would know. Unless I was Renee. (Jane looks at Vivian in disbelief.) Okay, umm...Oh remember the summer we were all going to get those tattoos of the 90210 characters on our ankles. Right? But we decided not to. Because we were like, what if we don't always feel this strongly about the actors.

JANE: Thank God.

RENEE: How would anyone know that?

VIVIAN: Everyone would know that, right? Because I actually got...Andrea Zuckerman tattooed on my ankle...(showing her tattoo) before you guys bailed on the idea.

RENEE: I forgot that, I'm sorry.

JANE: Please don't feel so bad. (playing with Vivian's hair)

VIVIAN: No...

르네: 그런 소리도 내지마. 좋아. 자, 날 못 알아보겠는 거 알아. (제인과 비비안이 서로를 쳐다본다.) 저 여자가 누군데 이러나 싶을 거야. 대체 이 예쁜 여자가 왜 여기 있는거지? 대체 누구길래 소리도 못 지르게 입을 막나 싶겠지. 얘들아, 나야. 르네.

제인: (비비안에게) 왜 저래? (르네가 양 손을 펼치고 천천히 한 바퀴 돌아본다).

비비안: 제대로 미쳤네.

르네: (못 민겠다는 듯이) 어떡해, 니네 못 믿는구나. 그럴 수 밖에. 알았어. 내가 르네라는 걸 증명할게. 좋아, 내가 르네가 아니면 알 수 없는 걸 말해 볼게. (제인은 믿을 수 없다는 듯 비비안을 쳐다본다.) 좋아, 음.. 맞다, 우리 여름에 '90210' 주인공들 문신을 우리 발목에 하려고 했었잖아. 기억나지? 근데 안 했지. 우리가 나중에까지 그 배우들을 열정적으로 좋아하지 않을지도 모르니까.

제인: 다행이지.

르네: 이걸 나 말고 누가 알겠어?

제인: 다 알 걸, 안 그래? 난 진짜로 안드레아 저커맨 문신을 발목에 했거든. (문신을 보여주며) 너네들이 발 빼기 전에 말이야.

르네: 깜빡했네, 미안해.

제인: 삐지지 마. (비비안의 머리를 만지며)

비비안: 안 삐져.

- ankle
  발목
- what if
  ~라면 어쩌지? [~라면 어떻게 될까?]

Don't even make the noise you just made.
'the noise (you just made)' 괄호 안의 내용이 앞의 단어 '소음'을 수식하여 '(방금 낸) 소리도 내지마' 라는 뜻으로 해석된다.

Zoom In

Don't even make the noise you just made.

(지금 방금 낸) 그런 소리도 내지마.

RENEE: What's something only I would know? Help me.

RENEE: You have HPV.

JANE: Everybody has HPV.

VIVIAN: I have it too.

RENEE: (firmly) The point is it's me! Renee! And I don't know how this happened and I can't explain it, all I know is that Luna reached into my SoulCycled Soul and just gave me what I've always wanted. The chance to be beautiful!

JANE: (still not sure what Renee is talking about) Oh.

VIVIAN: (looking at Jane and then turning to Renee as is to reassure her) Yeah, well that's great.

JANE: Yeah.

VIVIAN: I'm so happy for you...

RENEE: Are you?

VIVIAN: ...that you are working out and that, that clearly is making like a big change for you.

JANE: I mean like I hear really good things...about SoulCycle and like you look great.

RENEE: Great?

RENEE: Guys, I'm a Kardashian. One of the Jenner ones.

VIVIAN: Maybe now that you' re contacts are in...

RENEE: I don't wear contacts. I don't wear glasses.

VIVIAN: I was just taking a swing and yeah it was a miss.

RENEE: You're trying to make sense of this, and you can't.

JANE: (looking at Vivian) That's true. We cannot make sense of this.

르네: 나만 알만한 게 뭐가 있을까? 제발 말해주봐.
르네: 너 HPV(유두종 바이러스) 있지.
제인: 그건 누구에게나 다 있어.
비비안: 나도 있는데.
르네: (단호하게) 요점은 이게 바로 나라는 거야! 너희들의 친구 르네! 어떻게 이런 일이 벌어졌는지도 모르겠고, 설명도 못 하겠지만, 루나가 소울사이클 할 때 마법을 걸었나 봐. 그리고 내가 그토록 간절히게 원하던 걸 이뤄줬어. 예뻐질 기회 말이야!
제인: (여전히 르네가 무슨 말을 하는지 모르겠다는 듯) 맙소사.
비비안: (제인을 보고 다시 르네를 보며 안심시키려는 듯이) 그래, 그거 잘 됐다.
제인: 정말이야.
비비안: 정말 잘 됐어.
르네: 정말?
비비안: 운동을 해서 그런가, 확실히 달라진 거 같아.
제인: 정말로, 소울사이클 좋다고 들었는데, 진짜 그런 거 같네. 너도 정말 멋져보이고.
르네: 보기 좋다 뿐이야?
르네: 야, 이 정도면 카사디안이야. 모델 급이지.
비비안: 혹시 렌즈가 빠졌거나..
르네: 나 렌즈 안 껴. 안경도 안 쓰잖아.
비비안: 그냥 한 번 찔러 봤어, 근데 틀렸네.
르네: 이게 도대체 어찌된 일인지 아무래도 이해가 안가겠지.
제인: (비비안을 보면서) 바로 그거야. 이해가 안 돼.

- HPV (human papillomavirus)
  인유두종 바이러스
- reassure
  안심시키다
- work out
  운동하다 (=exercise)
- contacts
  콘택트렌즈
- make sense of
  ~를 이해하다

I was just taking a swing and yeah it was a miss.
'take a swing'은 원래 '치다, 때리다'라는 뜻으로 이 문장에서는 '한 번 (상황을) 때려 (맞춰) 봤어'라는 의미를 담고 있다.

Zoom In

I was just taking a swing and yeah it was a miss.

그냥 한 번 찔러 봤어, 근데 틀렸네.

RENEE: But I want you guys to know, even though I look like this very different, very hot...person, it's still me in here. It's Renee. (sighs) I'm not going anywhere.

VIVIAN: Okay.

RENEE: Okay?

VIVIAN & JANE: Yeah.

RENEE: But I am going to go to the bar and get us drinks.

JANE: I could use one.

RENEE: Tequila?

JANE: Sure.

RENEE: (in an affected voice) How would I know that, unless I was Renee.

JANE: Okay

Renee leaves to go to the bar, smiling broadly to herself. Vivian turns to Jane, who is sitting with her mouth open in shock.

IN THE DRY-CLEANERS.
A hand takes a ticket with a number from a machine.

RENEE: (on the phone) Hey Mason, I'm sorry I can't make it again. I'll have to work remotely, I have pink eye. Yeah it's really bad. It's like, it looks like my eyes are bleeding. Umm, yeah I know, yeah it doesn't affect your voice but it's like the really bad kind that causes flare ups in prison populations. Look, I gotta go, I'm going to the doctor, hopefully I'll be in tomorrow but I'm going in the sub... way... so... I'm... hello? Hello?

르네: 너네가 알아줬으면 하는 건, 내가 다른 사람이 됐지만, 완전 섹시하게 말이야, 그래도 계속 나라는 거야. 르네라고. (한숨 쉬며) 난 어디 안 가.

비비안: 그래.

르네: 알았지?

비비안 & 제인: 그래.

르네: 그래도 바에 가서 술은 가져올게.

제인: 그래 부탁해.

르네: 테킬라?

제인: 좋아.

르네: (연기하는 듯한 목소리로) 내가 르네가 아니라면 네 취향을 어떻게 알까.

제인: 맞아.

르네가 활짝 웃으며 바로 간다. 비비안이 놀라움에 입을 벌리고 앉아있는 제인을 돌아본다.

세탁소.
손 하나가 기계에서 대기표를 뽑는다.

르네: (통화중) 메이슨, 저예요. 미안한데 또 출근 못할 거 같아요. 눈병에 걸려서 집에서 일해야 될 거 같아요. 네, 심각해요. 눈에서 피나는 거 같아요. 뭐, 아니, 목소리랑은 상관 없는데 진짜 심각하긴 해요. 감옥에서 유행하는 것처럼요. 끊어야겠어요. 병원 가는 중이거든요, 내일은 출근 할 수 있을 거예요. 지금 지하철 타요. 그래서.. 여보세요? 여보세요?

- **affected**
  가장된, 꾸민
- **take a ticket**
  표를 끊다
- **make it**
  시간 맞춰 가다, 참석하다
- **pink eye**
  유행성 결막염
- **flare up**
  (질병 · 상처 등이) 갑자기 재발하다[심해지나]

I'm not going anywhere.
미래의 일을 얘기할 때 현재진행형(be +ing)를 쓰게 되면 말하는 사람의 강력한 의지[계획]를 보여준다.

Zoom In

I'm not going anywhere.

난 어디 안 가.

I FEEL
PRETTY

I FEEL
PRETTY

I FEEL
PRETTY

Renee
BOREAL

A man waiting in line behind her overhears her conversation and smiles to himself

CLERK: (out loud) 116!

RENEE: (to Ethan) You probably haven't been here before. But you have to wait in line and take a number.

ETHAN: (to Renee) Oh right.

RENEE: I can... I can grab it for you.

ETHAN: Oh thank you.

RENEE: Yeah. I just... here. (giving him the ticket) And this guy just calls out a number completely out of sequence.

ETHAN: (doubtfully) Okay?

RENEE: It's like a weird game of bingo.

ETHAN: Alright.

RENEE: But no one wins. So yeah. (She turns away from him.)

ETHAN: What's your number?

RENEE: (Closing her eyes and smiling as if in triumph) (to herself) So this is how it happens? (She turns back to face Ethan.) Just like that? Wow.

ETHAN: (He doesn't seem to understand.) Just like what... what happens, like what?

RENEE: That is very clever.

ETHAN: I don't know why that is clever, what is clever? I'm just asking what the number is?

RENEE: What's your number? And then I go 118. And then you're like, no your phone number...

ETHAN: Oh.

르네 뒤에 줄 서 있는 남자가 통화를 엿듣고 혼자 미소 짓는다.

점원: (크게) 116번!

르네: (이든에게) 여기 처음이신가봐요. 번호표를 뽑고 기다리셔야 해요.

이든: (르네에게) 그렇군요.

르네: 뽑아드릴게요.

이든: 고마워요.

르네: 네. 여기. (번호표를 주면서) 근데 직원이 번호를 멋대로 불러요.

이든: (미심쩍다는 듯) 그래요?

르네: 무슨 빙고 게임처럼요.

이든: 그렇군요.

르네: 이기는 사람도 없는데 말이에요. 어쨌든. (이든에게서 돌아선다.)

이든: 번호가 뭐예요?

르네: (눈을 감고 의기양양하게 웃으면서. 혼잣말로) 이런 거였구나? (이단을 돌아본다.) 이런 식이에요? 와.

이든: (이해하지 못한다.) 뭐가 이런 식이에요? 뭔데요?

르네: 완전 선수네요.

이든: 뭐가 선수라는 거예요? 그냥 번호가 뭐냐고 물어본 건데요?

르네: "번호가 뭐예요?" 묻고 제가 "118번이에요" 하면, "아니요, 당신 전화번호요"라고 할 거잖아요.

이든: 아, 그말이군요.

- wait in line
  줄을 서서 기다리다
- out of sequence
  순서가 뒤바뀐, 순서가 엉망인
- triumph
  업적, 승리, 성공
- clever
  영리한, 재치있는

You probably haven't been here before.
'have been (to)'는 '(~에) 가 보다, 와 본 적 있다'라는 뜻으로 경험을 나타내는 표현이다. probably가 있기 때문에 추측의 의미를 가진다.

Zoom In

You probably haven't been here before.

여기 처음이신가봐요.

RENEE:	Yeah. You are good. How long have you been hanging onto that little nugget?
ETHAN:	I haven't. I haven't been holding onto that, that's not a nugget.
RENEE:	You hang out in a lot of dry cleaners and hit on perfect girls? Alright, give me your phone.
ETHAN:	My phone?
RENEE:	Give me your phone, I'm going to give you my number.
ETHAN:	(Looking behind to see if there is anyone else in line.) Are you still talking to me?
RENEE:	Don't chicken out now son.
ETHAN:	I'm not chickening out.
RENEE:	Here, come on. Give me, we'll exchange phones. That's what'll happen. Here, give me your phone, you take my phone, put your number in. Level the playing field.

They exchange phones.

ETHAN:	Do people do this?
RENEE:	And this way you don' t have to feel intimidated. I know what it's like. Okay. Yeah. That' s me.
ETHAN:	Okay.
RENEE:	And you know I'm pretty slammed right now. But I will do my best to pencil you in.
ETHAN:	Right after the jailhouse pinkeye clears up?

Renee laughs.

르네: 그래요. 대단하네요. 언제부터 이렇게 번호 따고 다녔어요?

이든: 그런 적 없어요, 번호 따는 것도 아니고.

르네: 세탁소 마다 다니면서 이상형 보면 작업 걸어요? 좋아요, 폰 줘봐요.

이든: 제 핸드폰이요?

르네: 줘봐요, 번호 드릴게요.

이든: (다른 사람이 줄 서 있나 싶어 뒤를 돌아 본다.) 지금 저한테 하는 말이에요?

르네: 이제 와서 수줍어하지 말아요.

이든: 그런 거 아니에요.

르네: 자, 그럼 줘봐요. 번호 교환해요. 그럼 되잖아요. 자, 당신 폰은 받고 제 폰 줄테니까, 여기에 번호 찍어요. 서로 공평하게 하자고요.

핸드폰을 바꿔 든다.

이든: 요즘 사람들이 이래요?

르네: 이러면 당신도 창피하지 않잖아요. 그 기분 어떨지 잘 알아요. 자, 됐어요. 내 번호예요.

이든: 네.

르네: 제가 요즘 엄청 바쁘긴 한데, 시간 한 번 내볼게요.

이든: 감옥에서 유행하는 눈병이 나으면요?

르네가 웃는다.

- hang onto
  달라붙다, 매달리다
- nugget
  〈작지만 가치 있는 생각, 사실 등〉
  a small piece of information or advice that can be useful or important
- chicken out
  겁을 먹고 꽁무니를 빼다
- level the playing field
  공평한 경쟁의 장을 만들다
- intimidated
  (특정 상황에서 자신감을 잃고) 겁을 내는
- slammed
  매우 바쁜
  Having an insane amount of work dumped on you that leaves you winded and overwhelmed.
- pencil something/somebody in
  일단은 ~을 예정해 놓다
  to write down somebody's name for an appointment
- jailhouse
  교도소, 감옥

You hang out in a lot of dry cleaners and hit on perfect girls?
- hit on (성적으로 끌리는 사람에게) 수작을 걸다

Zoom In

You hang out in a lot of dry cleaners and hit on perfect girls?

세탁소 마다 다니면서 이상형 보면 작업 걸어요?

ETHAN: Who are you?

Renee looks intently at Ethan.

CLERK: (out loud) Number 118!

RENEE: That's me. (to clerk) Hi.

CLERK: (to Renee) Oh I couldn't get the red vomit stain out of it. What was it, like Sangria? Some wine like a red? Something like that? It had chunks in it, did you know that? And then you let it sit for a while, and I couldn't really...

RENEE: That's fine.

CLERK: I could take another whack at it if you want. (Renee takes her clothes and walks out.) (shrugging his shoulders) I'm not a magician. 119!

Sitting at the counter in a coffee shop.

JANE: (taking a laptop out of her bag and putting it on the counter) (to Vivian and Renee) So look, I have not logged into our account since our profile went live 'cause I thought we could all do it together.

VIVIAN: (to Jane and Renee) Yeah, I think that's the best idea.

VIVIAN: (to Barista) Excuse me, bartender, can I please get a couple shots of tequila?

BARISTA: (to Vivian) Ahh...

RENEE: (to Vivian) Can you stop it. It's a coffee shop. Now listen. This is going to be awesome. Trust me. (typing on the computer keyboard) I'm about to make it rain responses.

이든: 뭐 하시는 분이에요?

르네가 이든을 뚫어져라 쳐다본다.

점원: (크게) 118번!

르네: 제 차례예요. (점원에게) 안녕하세요.

점원: (르네에게) 여기, 토한 붉은색 얼룩은 결국 못 지웠어요. 대체 뭐예요? 상그리아? 레드 와인인가? 그런 종류겠죠? 덩어리져 있던데, 알고 있었어요? 그리고 당신이 그걸 깔고 앉아서, 나로시는 도저히..

르네: 됐어요.

점원: 좀 그러시면 한 번 더 세탁 해볼게요. (르네가 옷을 들고 밖으로 나간다. 점원이 어쩔 수 없다는 듯 어깨를 으쓱하며) 내가 무슨 마법사도 아니고. 119번!

커피숍 카운터에 앉아서

제인: (가방에서 노트북을 꺼내 카운터에 놓으면서) (비비안과 르네에게) 여기, 프로필 올리고 나서 아직까지 로그인 안 해봤어. 같이 보려고.

비비안: (제인과 르네에게) 그래, 아주 좋은 생각이야.

비비안: (바리스타에게) 저기요, 바텐더, 데킬라 몇 잔만 주실래요?

바리스타: (비비안에게) 아..

르네: (비비안에게) 그러지 좀 마. 커피숍이잖아. 걱정 마. 잘 될 거야. 나만 믿어. (컴퓨터 키보드를 치면서) 인기 폭발일 걸.

- **vomit**
  토사물
- **chunk**
  덩어리
- **shrug one's shoulders**
  어깨를 으쓱하다
- **log into**
  ~에 접속하다
- **shot**
  (특히 독한 술) 한 잔[모금]

I could take another whack at it if you want.
'can/could'는 능력을 나타낼 때 주로 쓰지만 이 문장에선 제안을 하기 위해 사용되었다.
• take a whack at ~을 시도하다

Zoom In

I could take another whack at it if you want.

좀 그러시면 한 번 더 세탁 해볼게요.

The page opens on the photo they uploaded previously. We see the photo and the words: YOU ARE INVISIBLE! 0 VIEWS
They all stare at it, disappointed.

JANE: Hit refresh?

VIVIAN: Yeah, refresh.

RENEE: Always refresh.

She hits the key to refresh but the image hasn't changed. Peering at the bottom of the screen.

RENEE: Are we on the wi–fi or...?

JANE: Yeah, we are.

VIVIAN: So, it's true. Guys really only care about photos.

RENEE: My God, stop. This is... This is clearly my fault.

JANE: What? Why?

RENEE: No, I take full responsibility for this. Guys...this is because the old me...was clearly dragging our stock down. I like feel bad for her. I like wanna hug this girl.

JANE: You look like you.

RENEE: All we have to do is get new photos of me. You know like a photo shoot for the new Renee. Like maybe a hip hop vibe. Like a St.Tropez.You know, or, let's get this in a bikini, on a jet ski, with like Lil' Wayne or Lil' Bow Wow or one of the Lil's...

그들이 예전에 올린 사진이 컴퓨터 화면에 뜬다. 사진과 다음과 같은 글이 보인다:
투명인간! 조회수 0
모두 실망한 채 화면을 본다.

제인: 새로고침 할까?
비비안: 응, 해봐.
르네: 항상 해봐야 돼.

새로고침을 누르지만 화면은 변함없다. 화면의 아래를 뚫어지듯 살펴보며.

르네: 와이파이 잡힌 거야?
제인: 응.
비비안: 뭐, 사실이네. 남자들은 정말 사진에만 관심있다는 거.
르네: 세상에나, 그만해. 이건… 다 내 잘못이야.
제인: 뭐라고? 어째서?
르네: 이건 다 내 책임이야. 애들아, 분명히 내 옛날 사진이라 평이 바닥인 거야. 잰 진짜 안타깝다. 안아주고 싶어.
제인: 그냥 넌데?
르네: 새롭게 변신한 내 사진만 다시 찍으면 돼. 새로운 르네 사진. 힙한 느낌이나. 생트로페 해변에 있는 분위기, 그런거나, 아니면 비키니 입고 제트스키 타자. 릴 웨인이나 릴 바우와우나 뭐 그런 애들이랑.

- **invisible**
보이지 않는, 볼 수 없는
- **refresh**
(가장 최신 정보로) 리프레시[새로고침]하다
- **drag something down**
~을 끌어내리다[몰락시키다]
- **stock**
평판, 주식
- **vibe**
분위기, 느낌
- **St. Tropez**
생트로페. 남부 프랑스의 아름다운 항구도시

Guys really only care about photos.
일반적인 성향/사실을 언급할 땐, 부정관사 'a guy', 정관사 'the guy', 복수명사 'guys'가 모두 가능하다.

Zoom In

Guys really only care about photos.
남자들은 정말 사진에만 관심있네.

VIVIAN: I don't think that's a thing.

RENEE: Which thing?

VIVIAN: The whole, like... all those things.

RENEE: One of the... Ahh big, medium George. I don't know who it is, but it's going to be hip hop and it's going to be hot.

RENEE: Nah, we're going to do it. Hot...bikini action. You know I don't have a yacht but...does your brother still have a kayak?

비비안:	그건 좀 아닌 거 같아.
르네:	뭐가 마음에 안 드는데?
비비안:	말한 거 전부.
르네:	그 빅 조지인지 뭔지. 누군지 모르겠지만, 힙하고 끝내 줄거야.
르네:	어쨌든, 우리 그렇게 하자. 끝내주는 비키니 같은 거. 요트는 없지만, 너네 오빠 아직 카약 가지고 있지?

- kayak
  카약

I don't think that's a thing.
'thing'은 사실, 사건, 상황, 행동 등 다양한 상황에서 콕 집어 말하기 어려운 경우에 많이 쓰는 표현이다.

Zoom In

I don't think that's a thing.

그건 좀 아닌 거 같아.

Chapter 4

새로운 안내 직원

The New Receptionist

시간 00:34:12~00:44:10

A Samsung tablet is leaning against the mirror on Renee's make-up table. Next to it is a mascara wand, uncapped, with the cap lying next to it and a small sphere, maybe eye-cream. A video is playing on the tablet-a close-up of a woman's eye applying mascara.

VOICE MAIL: (phone) This message is for Renee Bennett.

Renee looks in the mirror, intently, following the action in the video. Her mouth is open in concentration, she's wearing a leaf-print dressing gown.

VOICE MAIL: (phone) Please call Helen Grey's office at Lily LeClaire to set up your interview for the receptionist position.

She stops what she has been doing, moves her mascara brush away from her face and looks directly at the camera, wide-eyed. Smiles to herself, turns, then walks into her room, raising her arms and laughs in delight.

LILY LECLAIRE HQ.

Renee sits on the driftwood seat in the reception area. She's wearing a short, black skirt, floral design blouse with a big frontal bow and cherry colored vest. She tries to make herself comfortable, moving to different parts of the log, hanging her bag on one branch, then raising her leg to straddle it.

삼성 태블릿이 르네의 화장대 거울에 기대져 있다. 그 옆에는 마스카라가 뚜껑이 벗겨진 채 놓여 있고, 뚜껑도 그 옆에 있다. 작고 동그란 통도 있는데 아이크림 같다. 태블릿에서 동영상이 재생되고 있는데, 마스카라를 칠하고 있는 한 여성의 눈이 클로즈업 되어있다.

음성사서함: (전화로) 안녕하세요. 르네 베넷씨.

르네가 집중한 채 거울을 보면서 비디오를 따라하고 있다. 집중해서 입이 벌어진다. 그녀는 나뭇잎 모양이 찍힌 가운을 입고 있다.

음성사서함: (전화로) 안내 직원 면접이 잡혔으니 릴리 르클레어 사무실의 헬렌 그레이에게 연락 바랍니다.

르네는 하던걸 멈추고 마스카라 브러시를 얼굴에서 떼고 크게 뜬 눈으로 카메라를 똑바로 바라본다. 슬며시 웃음 지으며 돌아서서 방으로 걸어가더니 두 팔을 번쩍 들고 기뻐서 크게 웃는다.

릴리 르클레어 본사.
르네는 로비의 유목 의자에 앉아 있다. 짧은 검정색 치마와 앞에 큰 리본이 달려 있는 꽃무늬의 블라우스, 체리색 조끼를 입고 있다. 편안한 자세를 찾으려 하면서, 나무 의자의 다른 부분으로 움직이고 가방을 나뭇가지에 걸어본다. 다리를 들어올려 나무 의자를 끼고 앉으려 한다.

- mascara wand
  마스카라 봉
- uncap
  뚜껑을 벗기다
- in concentration
  집중하여
- HQ (headquarters)
  본사, 본부
- bow
  나비 모양(매듭리본)
- straddle
  (양쪽으로) 다리를 벌리고 올라앉다

ASSISTANT: (holding a small, black poodle) Renee Bennett?

RENEE: (Awkwardly raising her straddled leg back over the log and standing, raising her left hand as if she's in school, answering to roll-call.) Yeah. That's... I'm Renee. Hi.

ASSISTANT: (looking a little confused) No, I'm looking for Renee Bennett for the receptionist job.

RENEE: (raising her arm in the air) That's me. Here.

ASSISTANT: (clutching her dog closely and looking Renee up and down) Okay.

Renee steps up to the interview desk. Avery, in a black dress with high-cut sleeves and ruffled front is texting on her phone. She looks up, still holding her phone in front of herself. Helen, business-like in plain grey with a fashionable diagonal zipper down the front, zipped open between her breasts, sits upright with a pen in her right hand, ready to write. Both have full glasses of water in front of them.

HELEN: (to Renee) You must be Renee. I'm Helen Grey, CFO.We spoke on the phone. And this is our CEO...Avery LeClaire.

AVERY: (looking directly at Renee) Hello, Renee.

RENEE: (feeling both proud and confident) Hello.

AVERY: (smiling) Take a seat, make yourself comfortable.

RENEE: (placing her hand on the back of the chair, then sitting down) Thank you so much. It's nice to finally meet you face to face Ms. Grey.

RENEE: (slowing her speech for emphasis) And I of course know who you are, Miss LeClaire.

Avery is not sure how to respond to Renee's directness.

어시스턴트: (작고 까만 푸들을 안고) 르네 베넷씨?

르네: (벌렸던 다리를 엉거주춤하게 들어 올려 제자리로 하여 일어서면서, 학교에서 출석에 대답하듯이 왼손을 들어올린다.) 네. 제가 르네예요. 안녕하세요.

어시스턴트: (약간 당황한 듯) 아뇨, 안내 직원 자리에 지원한 르네 베넷씨를 찾는데요.

르네: (허공에 손을 들어올리면서) 저라니까요. 저요.

어시스턴트: (강아지를 꼭 껴안으며 르네를 위 아래로 훑어보고) 그렇군요.

인터뷰 책상 쪽으로 올라간다. 에이버리는 짧은 소매와 앞에 주름 장식이 있는 검정색 드레스를 입고 핸드폰으로 문자를 보내고 있다. 계속 핸드폰을 든 채로 올려다본다. 헬렌은 앞 쪽에 세련되게 사선으로 지퍼가 있는 회색의 무지 옷을 입고 있는데, 지퍼를 가슴께까지 열어 놓았다. 오른손에 펜을 들고 똑바로 앉아서 뭔가를 쓰려고 한다. 두 사람 앞에 물이 든 유리잔이 놓여있다.

헬렌: (르네에게) 당신이 르네군요. CFO 헬렌 그레이예요. 우리 통화 했었죠? 그리고 여긴 우리 회사의 CEO… 에이버리 르클레어예요.

에이버리: (르네를 똑바로 바라보면서) 반가워요, 르네.

르네: (자랑스럽다는 듯 자신감에 차서) 안녕하세요.

에이버리: (웃으면서) 편히 앉아요.

르네: (의자 등에 손을 올리고 앉으면서) 감사합니다. 드디어 직접 뵙네요, 그레이씨.

르네: (강조하려고 천천히 말하면서) 그리고 물론 당신이 누구신지 잘 알고 있어요, 르클레어 대표님.

에이버리는 직설적으로 말하는 르네에게 어떤 반응을 보여야할지 알 수 없다.

- roll-call
  출석 확인, 점호
- ruffled
  주름 장식을 단
- text (on the phone)
  (휴대전화로) 문자를 보내다
- diagonal
  사선의, 대각선의
- sit upright
  똑바로 앉다

Take a seat, make yourself comfortable.
고객[손님]이 도착한 후 정중하게 앉으라고 할 때 쓸 수 있는 표현이다.

Zoom In

Take a seat, make yourself comfortable.
편히 앉아요.

HELEN: (to Avery) Renee currently works in the online division.

AVERY: (holding large sheets of paper in both hands) Oh wow, super.

RENEE: (with lots of facial expression and gesturing with her arms and hands) Yeah but, I figure I can be real with you guys. Like Gayle King real...and say that it would be a shame to waste all this in a tiny Chinatown office. I think we've got more of a front of house situation on our hands. Am I right or wrong. (Both Avery and Helen look perplexed, trying to make her out.) Yeah.

HELEN: (leaning on her right arm on the table) Renee, we appreciate you taking the initiative, but you're not exactly the obvious choice for this job.

AVERY: (disapproving) Helen.

Helen tilts her head towards Avery, unsure.

RENEE: (confidently, as if she's total in control) No, I totally get it. Because I already work for the company. And this job would actually be a pay cut to my current salary. It doesn't make much sense why I'm here.

HELEN: So what are your goals, exactly?

RENEE: (pausing, sighing) To work here. As a receptionist.

AVERY: (looking impressed) Wow. Okay, because most girls they view this as a stepping stone to modeling or to opening their own e-commerce boutique.

헬렌: (에이버리에게) 르네는 현재 온라인 부서 직원이에요.

에이버리: (양 손에 종이 뭉치를 들고) 오, 그렇군요.

르네: (다양한 표정으로 손짓하면서) 네, 그렇긴 한데, 저는 정말 여러분들과 본사에서 일을 잘 할 수 있을 거라고 생각해요. 간판 앵커처럼요. 그리고 이 외모를 골방 같은 차이나타운 사무실에서 썩히긴 아깝잖아요. 업무 배정에 문제가 있는 거 같아요. 안 그래요? (에이버리와 헬렌은 당황스러워도 르네를 이해해보려 하는 것 같다.) 그래요.

헬렌: (오른쪽 팔로 테이블에 기대면서) 르네, 의욕이 넘치는 당신을 높게 평가하지만, 이 자리에 정말 적합한 사람은 아닌 것 같아요.

에이버리: (못마땅하게) 헬렌.

헬렌은 모르겠다는 듯 에이버리를 보고 고개를 갸우뚱한다.

르네: (자신이 모든 상황을 해결할 수 있다는 듯 자신감 있게) 맞아요, 저도 충분히 이해해요. 저는 이미 회사 직원이고, 현재 월급보다 더 적게 받는 자리니까요. 제가 왜 이자리에 지원하는지 이해가 안 되시겠죠.

헬렌: 그럼 정확히 원하는 게 뭐죠?

르네: (말을 멈추고, 한숨 쉬고서) 여기에서 일하는 거예요. 안내 직원으로요.

에이버리: (감동받은 것처럼) 멋지네요. 대부분이 자리를 모델계 진출이나 인터넷 쇼핑몰을 창업하기 위한 발판으로 보거든요.

- **shame**
  애석한 일, 아쉬운 일
- **house**
  (특정 사업을 하는) 회사
- **make somebody out**
  ~을 알아보다[알아듣다]
- **take the initiative**
  솔선해서 하다, 선수 치다.
- **tile one's head**
  고개를 갸우뚱하다
- **pay cut**
  임금 인하, 감봉
- **e-commerce**
  전자 상거래

It doesn't make much sense why I'm here.
'It' 이 'why I'm here' 을 가리키는 가주어로 사용되었다. 가주어는 특정한 의미 없이 뒤에 나온 진주어를 대신하는 주어이다.
• make sense 이해하다

Zoom In

It doesn't make much sense why I'm here.

제가 왜 이 자리에 지원하는지 이해가 안 되시겠죠.

RENEE: I hear you. And yes, modeling is an option for me. You are taking a risk. Is this girl going to walk out of this office and right onto the runway and never look back? Is that realistic for me? 1000 percent. But it's not who I am. My only real goal, is to come here to this office every day, and help people feel the same way I feel. (Close up of Avery, engrossed) when I step off that elevator. That this is the only place to be.

Avery looks completely satisfied. The music plays increases in volume.

Renee steps into the elevator and swivels around to face us, looking pleased. The doors close on her.

RENEE: (screaming in excitement) Yes! Yes! Yes! Yes! I got it!

The elevator doors open again. Renee shrugs her hair and composes herself. Two women walk onto the elevator, and stand on either side of her. They look like models. Both women look blankly to the front, studiously avoiding looking at Renee.

RENEE: (turning to the woman on her right, excited) I work here now!

The elevator doors close.

Renee, in a green t-shirt and green cardigan, hair tied back, opens the door to the men's rest room and walks in. Mason is sitting in the stall. We see his feet in sandals sticking out under the door of the stall, shorts and underpants bunched around his ankles.

르네: 저도 잘 알고 있죠. 물론, 저라면 모델도 할 수 있을 거예요. 회사 입장에선 큰 위험 부담을 감수하는 거죠. 이 사람이 회사를 그만두고 당장 모델계로 진출해서 다시는 돌아오지 않는 거 아닐까? 저라면 정말 그럴 거 같죠? 물론 1,000퍼센트 그렇죠. 하지만 그건 제가 바라는 게 아니에요. 제 유일한 진짜 소망은 매일 매일 이 사무실로 출근해서, 제가 느끼는 이 모든 것을 다른 사람들도 똑같이 느낄 수 있도록 도와주는 거예요. (르네에게 집중한 에이버리가 클로즈업 된다.) 제가 엘리베이터에서 내릴 때마다 느끼는 것. 바로 내가 있을 자리는 여기뿐이라는 것을요.

에이버리는 완전히 마음에 든 것 같다. 음악의 볼륨이 커진다.

르네가 엘리베이터로 들어가 돌아서 화면을 마주한다. 만족한 얼굴이다. 문이 닫힌다.

르네: (신나서 소리치면서) 대박! 대박! 대박! 붙었어!

엘리베이터 문이 다시 열린다. 머리를 흔들어 정리하고 흥분을 가라앉힌다. 두 여성이 엘리베이터로 들어와 르네의 양 옆으로 선다. 모델처럼 보인다. 두 여성은 앞만 보면서 일부러 르네를 쳐다 보지 않으려 한다.

르네: (오른쪽에 있는 여자를 돌아보며, 신나서) 저 이제 여기서 일해요!

엘리베이터 문이 닫힌다.

르네는 초록색 티셔츠와 초록색 가디건을 입고 머리를 뒤로 묶었다. 남자 화장실 문을 열고 안으로 들어간다. 메이슨이 화장실 칸에 앉아있다. 샌들을 신은 발이 화장실 문 아래로 튀어나와 있는 게 보인다. 바지와 팬티가 발목에 뭉쳐 접혀 있다.

- **take a risk**
  (위험할 수 있는 줄 알면서) 모험을 하다[받아들이다], 잘 되는 안되든 해보다
- **engrossed**
  몰두한
  =preoccupied, absorbed, consumed, engaged
- **swivel around**
  돌다, 회전하다, 홱 돌리다
  to turn or move your body, eyes or head around quickly to face another direction
- **compose oneself**
  마음을 가라앉히다
- **studiously**
  신중하게 의도적으로
  in a very deliberate way
- **stall**
  (칸막이를 해서 만든) 화장실

But it's not who I am.
'who I am'은 '내가 누군지'라는 뜻으로 정체를 의미하기도 하지만 '존재의 이유'를 설명하기도 한다.

Zoom In

But it's not who I am.
하지만 그건 제가 바라는 게 아니에요.

RENEE: (knocking on the door) Mason, you in here? It's me Renee.

MASON: (to Renee) Can we talk in the office?

RENEE: Oh we can just talk here, it's fine. Things have changed for me, Mason. They're moving me … to HQ. It's headquarters. Everything I've ever wanted...

MASON: (grimacing, eyes closed, as if he's restraining himself with great effort) I really need you to leave. I really would rather you not hear the splash.

RENEE: (ignoring his obvious discomfort) Don't worry. I talked to them and HR is already interviewing for my replacement. HR is just human resources.

MASON: Go, please. Go.

RENEE: And I know you're happy here. But anyway, I gotta go. If you just finally got the courage to ask me out, it's too late buddy.

MASON: Go please. Go.

RENEE: I'll miss you. You want me to leave it open?

Touching the doorknob briefly.

MASON: (feebly) No.

RENEE: No?

She leaves. Just then a roll of toilet paper drops under the door of the stall and rolls into the room.

MASON: Shit!

르네: (문을 두드리며) 메이슨, 여기 안에 있어요? 저예요, 르네.

메이슨: (르네에게) 사무실에서 말하면 안 돼요?

르네: 그냥 여기서 말할게요, 괜찮아요. 상황이 바뀌었어요, 메이슨. 회사에서 HQ로 옮기래요. 본사 말이에요. 제가 그 동안 그토록 원하던 게…

메이슨: (힘들게 참고 있는 것처럼 얼굴을 찡그리며, 눈을 감고) 제발 좀 가요. 똥 싸는 소리 들린다고요.

르네: (불편해 하는 걸 무시하면서) 신경쓰지 말아요. 본사에 말해서 HR이 이미 제 후임 면접 중이에요. HR은 인사과를 말하는 거예요.

메이슨: 가요, 제발 좀 가요.

르네: 여기 근무 좋아하는 거 알아요. 어쨌든, 가 볼게요. 마침내 용기 내서 저에게 데이트 신청할 마음이 생겼어도, 이젠 늦었네요, 이 양반아.

메이슨: 가라고요.

르네: 보고싶을 거예요. 문 열어 둘까요?

손잡이를 잠깐 만지면서.

메이슨: (힘없이) 아니요.

르네: 됐다고요?

르네가 떠난다. 바로 그 순간 휴지가 화장실 문 밑으로 떨어져 굴러 나온다.

메이슨: 젠장!

- grimace
  얼굴을 찡그리다
- restrain oneself
  스스로를 억제하다[억누르다]
- ask somebody out
  ~에게 데이트를 신청하다

I really would rather you not hear the splash.
'would rather'은 '차라리 ~하겠다'라는 의미가 있는데, 보통 탐탁치 않은 상황에서 선택을 해야하는 경우에 사용한다.

Zoom In

I really would rather you not hear the splash.

똥 싸는 소리 들린다고요. (듣지 말라고요.)

LILY LECLAIRE HQ.
Renee walks through the revolving doors at the ground floor entrance to the building in slow motion. Music plays–"*This girl is on Fire*." She's wearing a short, pink skirt and matching pink jacket with yellow pumps. She brushes her hair back as she comes through the doors and walks confidently into the building, turning and raising her arm, then skipping before doing another twirl. Other people around her go about their business.

RENEE: (out loud) Woo!

Renee is now standing behind the rock reception desk. A model in a black sleeveless dress, holding a tablet computer stands in front of the desk.

RENEE: (to model) You're gonna wanna head to marketing, and you're gonna wanna have a great time. (picking up the ringing phone) She's headed to you, she's adorable.

A woman walks into the reception. Black dress, long straight blonde hair, large, double-looped earrings, a notebook cradled in her arms.

RENEE: (brightly) (to Editor) Good morning.

EDITOR: (looking skeptically at Renee) Hi, you know what I think I pressed the wrong floor. (turning back to the door) I'm looking for Lily LeClaire and this is not...

RENEE: Nope, that's us. Welcome to Lily LeClaire. (removing her headset and putting it on the desk) You're probably used to seeing Angie sit here. But I promised to win you over too. She served her bottle at water room temp. Now I prefer to serve it chilled. (Taking a bottle of water from the mini-fridge under the desk.) I also serve it with a straw. So you don't have to mess with your fierce lipstick. God I love that shade. What is it, Rogue Red? Fall 2015?

릴리 르클레어 본사.
슬로우 모션으로 르네가 1층 입구의 회전문을 지나 빌딩으로 들어간다. 음악이 시작된다—"*그녀는 열정적이야*." 르네는 짧은 핑크색 스커트와 색깔을 맞춘 핑크색 자켓을 입고 노란색 펌프스를 신었다. 문을 지나 빌딩으로 당당하게 들어오면서 머리를 뒤로 쓸어 넘긴다. 한 바퀴 돌면서 팔을 든다. 다시 한 바퀴 돌기 전에 깡충 뛴다. 주변의 사람들은 자기 일만 하고 있다.

르네: (크게) **예!**

르네는 돌로 된 안내 데스크 뒤에 서 있다. 검정색 민소매 원피스를 입은 모델이 태블릿을 들고 데스크 앞에 서 있다.

르네: (모델에게) **마케팅 부로 가시면 돼요. 좋은 시간 되세요.** (전화벨이 울리자 받으면서) **그쪽으로 보냈어요. 아주 괜찮던데요.**

한 여성이 안내 데스크로 걸어 들어온다. 검정색 원피스, 금발의 긴 생머리, 두 개의 고리가 있는 큰 귀걸이. 팔에 노트북을 들고 있다.

르네: (밝게 편집자에게) **안녕하세요.**

편집자: (의심스럽다는 듯 르네를 보며) **네, 근데 엘리베이터 버튼을 잘못 눌렀나봐요.** (문으로 돌아서면서) **릴리 르클레어를 찾아왔는데, 여긴…**

르네: **아뇨, 여기 맞아요. 릴리 르클레어에 잘 오셨어요.** (헤드셋을 벗어 데스크에 놓으면서) **아마 그동안 여기 엔지가 앉아있는 걸 보셨겠지만, 제가 더 나을 거예요. 엔지는 미지근한 물을 드렸겠지만, 저는 시원한 물을 준비해 뒀어요.** (데스크 아래 미니 냉장고에서 물병을 꺼내면서) **또, 빨대도 드려요. 강렬한 립스틱을 망치면 안 되니까요. 립스틱 색깔 정말 예쁘네요. 어디 제품인가요? 로그 레드? 2015년 가을 상품?**

- **revolving door**
  회전문
- **twirl**
  빙글빙글 돌다
- **go about one's business**
  자기 할 일을 하다
- **looped**
  고리가 달린, 동그라미가 된
- **cradle something in one's arm**
  ~을 (끌어)안다
- **skeptically**
  회의적으로
- **at room temp[temperature]**
  상온으로
- **chilled**
  냉장한, 냉각한
- **shade**
  색조

I promised to win you over too.
• win somebody over 지지를 받다, 자기편으로 끌어들이다

Zoom In

I promised to win you over too.
제가 더 나을 거예요.

Grant walks in from the elevator, white shirt casually loose, right hand in his pocket, left hand holding a phone. He watches the interaction between Renee and the editor, curious.

EDITOR: I don't know any Angie. What confused me when I walked into this place, honestly, is you and...

RENEE: (beaming) I know, right. You're not the only one. Okay. (Laughing and turning to go back to the desk. Grant stops, holding his phone, watching.) People don't expect a girl sitting back here to be so on the ball.

EDITOR: Well see that's not what I was...

RENEE: (cutting her off) But I know what it means to work hard. And I don't plan on coasting off the benis of this face or this body. I'm going to bring it every day. (Grant smiles.) I can see by your portfolio that you're here from the Rose Sheet. Which happens to be my absolute favorite trade publication. So I'll let them know you're here for your ten-thirty...and you can have a seat. (putting her headset back on) Or if you prefer, get steps in to meet your Fitbit goal for the day. This hallway loops around and I'll let you know when they're ready. Welcome to Lily LeClaire.

EDITOR: (still unsure) Thanks. (She turns and starts to walk away.)

RENEE: Any my name is Renee if you need absolutely anything at all. (The editor leaves. Grant is still watching, smiling.) Ever. Ever.

RENEE: (pleasantly, on the phone) Hi Lily LeClaire, you've got Renee. Oh I'll put you through.

그랜트가 엘리베이터에서 걸어 들어온다. 캐주얼하게 늘어진 하얀색 셔츠를 입고 오른손은 주머니에, 왼손엔 핸드폰을 들고 있다. 그는 희한 하다는 듯 편집자와 르네가 얘기하는 걸 보고 있다.

편집자: 엔지라는 사람 몰라요. 제가 들어와서 당황한 건, 솔직히, 당신 때문이에요… 그리고…

르네: (환하게 웃으며) 이해해요. 그런 분들 많아요. (웃으며 데스크로 돌아간다. 그랜트가 핸드폰을 들고 멈춰서 바라 보고 있다.) 보통은 안내 직원이 이 정도까지 능력 있을거라 기대하지 않죠.

편집자: 그런 말이 아니라…

르네: (말을 자르면서) 하지만 전 달라요. 얼굴이랑 몸매 믿고 대충 할 생각 없어요. 매일 최선을 다 해야죠. (그랜트가 미소 짓는다.) 포트폴리오 보니까 '로즈 시트' 분이네요. 제가 가장 좋아하는 패션 잡지예요. 10시 반 미팅 때문에 오셨다고 말해 놓을게요. 앉아 계세요. (헤드셋을 다시 쓰면서) 아니면 걸어 다니면서 운동하셔도 돼요. 이 복도를 돌아다니시면 돼요. 준비되면 알려드릴게요. 릴리 르클레어에 잘 오셨어요.

편집자: (여전히 이상하다는 듯) 고마워요. (돌아서서 걸어간다.)

르네: 필요하신 게 있으시면 르네를 찾아주세요. (편집자가 떠난다. 그랜트는 아직도 바라보고 미소 짓고 있다.) 언제든. 언제든이요.

르네: (명랑하게, 전화로) 안녕하세요. 릴리 르클레어의 르네예요. 오, 연결해드릴게요.

- be on the ball
  아주 능력이 있다, 일이 어떻게 돌아가는지 훤히 알다
- coast
  (일을 열심히 하지 않고) 설렁설렁 하다
  not putting enough effort into what they are doing

I'll put you through.
전화 상에서 'put somebody through'는 '연결해 주다'는 뜻이 있고 이외에 '(계획 등을) 성사시키다, (곤경, 불쾌한 일 등을) 겪게 하다'의 의미도 있다.

Zoom In

I'll put you through.

연결해드릴게요.

GRANT: (now in front of the desk) (to Renee) Hello Renee. It's alright. I overheard your name. I'm here to meet Avery. But could you not make me wait next to that lady. (indicating the editor) I don't think I'll be as nice to her as you were.

RENEE: (flustered) Oh thank God. Okay. Okay. (slowly taking off her headset) You're Grant LeClaire.

GRANT: (smiling) Yes.

RENEE: (starstruck) Holy shit. Holy shit.

GRANT: Relax, you're good.

Looking at his phone and moving right to go around the desk.

RENEE: Okay. Okay. Right, umm... Well Grant I noticed...on Page Six (reaching into the mini-fridge) that you are often photographed drinking these Pressed Juicery Greens 1.5. Correct? (She puts a straw into the bottle she has taken from the refrigerator and hands it to him. Grant looks surprised.) I saw that...and I brought it here in case you were ever to come in...

GRANT: Thank you.

RENEE: (pleased with herself) You're welcome, Grant LeClaire.

GRANT: Sorry what, you've seen me holding these? So you got them in just for me?

RENEE: I've also seen you holding a lot of Brazilian models but I didn' t think they' d fit in the mini-fridge.

그랜트: (데스크 앞에서 르네에게) 안녕하세요, 르네. 괜찮아요. 당신 이름은 방금 옆에서 들었어요. 에이버리를 만나러 왔는데. 저 여성분 옆에서 기다리지 않아도 되겠죠? (편집자를 가리키면서) 나는 저 여성분에게 당신처럼 친절하게 못할 거 같은데.

르네: (어쩔 줄 몰라 하며) 세상에나, 세상에. (헤드셋을 천천히 벗으며) 그랜트 르클레어씨죠?

그랜트: (미소 지으며) 네.

르네: (완전 넋이 나간 것처럼) 성날 내빅이디. 대바.

그랜트: 진정해요. 괜찮으니까.

핸드폰을 보고 데스크를 둘러 지나 오른쪽으로 간다.

르네: 네. 알았어요. 그래야죠, 음.. 그랜트씨. '페이지 식스'를 보니까 (미니 냉장고로 손을 뻗으면서) 당신이 가끔 프레스드 주서리 그린스 1.5를 마시는 사진이 있더라고요. 맞죠? (냉장고에서 꺼낸 음료수 병에 빨대를 꽂고 그랜트에게 건넨다. 그랜트는 놀란 것 같다.) 그 사진 보고 혹시 당신이 올지 몰라서 사 뒀어요.

그랜트: 고마워요.

르네: (뿌듯해하며) 아니에요, 그랜트 르클레어씨.

그랜트: 근데, 이걸 들고 있는 사진을 봤다고요? 그래서 절 위해 준비해 둔 거예요?

르네: 당신이 많은 브라질 모델들을 안아들고 있는 것도 봤는데 걔들은 냉장고에 안 들어가서요.

- fluster
  허둥지둥하게 만들다, 당황하게 만들다
- starstruck
  완전히 반한
  Fascinated by or exhibiting a fascination with fame or famous people.
- in case
  (혹시라도) (~할) 경우에 대비해서

So you got them in just for me?
'get'은 많은 뜻을 가지고 있기 때문에 여러 맥락에서 쓰일 수 있지만 기본적으로 '얻다, 구하다'라는 의미가 있다. 이 문장에서는 '구하여 마련해 두다'라는 의미로 사용되었다.

Zoom In

So you got them in just for me?

그래서 절 위해 준비해 둔 거예요?

Grant looks up, smiles broadly at Renee as he moves the straw in the bottle.

RENEE: (relieved) Okay cool I thought you were going to be mad because I called you out so hard.

GRANT: (coolly) Who hired you, Renee?

RENEE: Avery. Your sister.

GRANT: (amused) Yes, I know who she is.

RENEE: Good. Cause Thanksgiving would be really weird. I don't know if you guys do things like Thanksgiving.

GRANT: Yeah, we do.

RENEE: Oh my God, that's crazy.

GRANT: So Avery, huh?

RENEE: Yeah.

GRANT: Good for her.

RENEE: Yes. (sitting down, mouth agape and leaning her head on the desk to recover to herself) Oh my God.

Renee, holding a wooden tray with a metal jug and four glasses of water, steps awkwardly over the stepping stones arranged as an entrance-way to the open-walled meeting room. Smiling proudly to herself as she walks into the meeting area. A group of staff are standing around two marble-topped tables. Avery is addressing them.

AVERY: (to Staff) This is our first Diffusion Line, and I really owe it to my Grandma to get it right. We are at a critical stage for both the product itself, and the packaging and the copy.

그랜트가 올려다보고, 병 안에 빨대를 저으면서 르네를 보고 활짝 웃는다.

르네: (안심하면서) 어머. 제가 당신을 멋대로 말해서 화났나 했어요.

그랜트: (아무렇지 않다는 듯) 누가 당신을 뽑았죠, 르네?

르네: 에이버리 대표님. 당신 누나요.

그랜트: (재미있다는 듯) 나도 내 누나가 누군지는 알아요.

르네: 그렇겠죠. 추수감사절 때는 진짜 이상하겠어요. 추수감사절 같은 걸 챙기는지 모르겠지만.

그랜트: 저희도 챙겨요.

르네: 세상에, 진짜 신기하네요.

그랜트: 아무튼, 누나가 뽑았다고요?

르네: 네.

그랜트: 잘했네요.

르네: 네. (앉으면서 놀라움에 입을 벌린채로 진정하려는 듯 책상에 이마를 기대며 혼잣말로) 내가 미쳤지, 미쳤어.

금속 주전자와 네 개의 물컵이 든 나무 쟁반을 들고 엉거주춤하게 징검다리를 건넌다. 징검다리는 벽이 개방된 회의실 입구에 놓여있다. 회의실에 들어와 걸으면서 자랑스럽다는 듯 혼자 미소 짓는다. 직원들이 두 개의 대리석으로 된 테이블 주변에 서 있다. 에이버리가 그들에게 말하고 있다.

에이버리: (직원들에게) 우리 회사의 첫 번째 보급형 라인이고, 이게 제대로 되는 데는 할머니의 공이 정말 커요. 제품 자체도 중요한 단계지만, 포장과 광고도 아주 중요해요.

- **call out = put on blast**
  심하게 비난하다
  1) to have some information about you put out in the open in an embarrassing manner.
  2) To embarrass by publicly denouncing or exposing, especially by using social media.

- **agape**
  (놀람, 충격으로 입을) 딱 벌리고

- **critical**
  대단히 중요한, 중대한
  =crucial, important, integral, significant

I don't know if you guys do things like Thanksgiving.
'if'는 문장 안에서 사용되면 '~인지 아닌지'라는 뜻이고 단독 문장에서 쓰이면 '만약 ~라면'이라고 해석된다.

Zoom In

I don't know if you guys do things like Thanksgiving.

추수감사절 같은 걸 챙기는지 모르겠지만.

Renee puts the tray on a station behind Avery.

AVERY: So now for the exciting part, let's look at our samples. This is our...

Renee starts to walk out, bumping into the outstretched arm of one of the women. The blush pack the woman was holding clatters to the floor.

RENEE: (to woman) I'm so sorry. I am so sorry! (Renee gets down on her knees and crawls under the table to pick up the blush.) Okay, going to put it all back right where it was. Here is the blush.

Her hand appears, placing the blush on the table top. Avery, head bent, seems curious. Other staff stand stiffly, impatiently waiting.

RENEE: Alright and here is the packaging. And I just need to find the application brush. Then we can move on with our lives.

AVERY: (leaning down to look under the table) (to Renee) There is no application brush.

RENEE: Oh. (crawling out from under the table and standing up) (to Avery) Really? (surprised) Okay. Got it.

AVERY: (to Renee) Does that come as a surprise to you? Because if you knew our products, you'd know that our blush never comes with an application blush brush.

르네는 에이버리 뒤의 테이블에 쟁반을 둔다.

에이버리: 자, 이제 기대하던, 샘플을 테스트해보죠. 이건…

르네가 나가려 하다가 한 여성이 뻗는 팔에 부딪친다. 그 여자가 들고 있던 블러셔 통이 바닥에 떨어진다.

르네: (여성에게) 죄송해요, 정말. 정말 죄송해요! (르네가 무릎을 꿇고 수그려 블러셔를 주우려 테이블 밑으로 기어간다.) 잠시만요, 제가 원래대로 주워 놓을게요. 자, 블러셔 여기 있어요.

그녀의 손이 나타나 테이블 위에 블러셔를 놓는다. 에이버리가 머리를 숙이고 희한하다는 듯 쳐다본다. 다른 직원들은 뻣뻣하게 서서 짜증난다는 듯 기다리고 있다.

르네: 자 그리고 여기 포장재가 있고요. 이제 딸려 있는 브러쉬만 찾으면 돼요. 그럼 아무일 없이 계속 진행하실 수 있어요.

에이버리: (몸을 숙여 테이블 아래를 보면서 르네에게)이 제품에 딸린 브러쉬는 없어요.

르네: 오. (테이블 아래에서 기어 나와 일어나면서 에이버리에게) 정말로요? (의외라는 듯) 좋아요. 알겠어요.

에이버리: (르네에게) 그게 놀랄 일이야? 우리 제품 알잖아, 블러셔에 브러쉬 같이 안 넣는 거.

- bump into
  ~을 우연히 만나다, ~에 부딪히다
- clatter
  달가닥 하는 소리를 내다
- get down on one's knees
  무릎을 꿇다

Then we can move on with our lives.
'move on'은 가볍게는 '이동하다'라는 뜻으로 쓰이고 '(인생을) 나아가다, (새로운 상황으로) 넘어가다'라는 의미로도 쓰일 수 있다.

Zoom In

Then we can move on with our lives.

그럼 아무일 없이 계속 진행하실 수 있어요.

RENEE: (to Avery) Of course I know that. Same as the Shimmering Face Powders. I just figured for this particular product that, you know, that there might be one. (to everyone) But, never mind, you guys, you know how this works, and I'm just the beautiful face keeping this place running. So... (She starts to leave.)

AVERY: I think we'd all like to hear what you'd have to say, Renee.

RENEE: (Stops and turns back. Everyone looks at her, expressionless, except Avery, who looks interested in Renee.) Well... Well with high end products we expect our customers to have high end make up brushes. But regular girls put their blush on in the rear view, on the way to their crappy jobs.

Avery snaps her fingers at the man standing next to her. He starts writing down what Renee is saying.

RENEE: And they're going to be pissed...when they open an eight dollar and fifty cent blush and they have no way they can use it.

Avery leans on the table, listening intently.

RENEE: Then you just wind up using your finger. You know, it never goes on right. Then you hit a bump, or you have an itch and you wind up looking like Braveheart. Or some more up to date reference.

르네: (에이버리에게) 물론 알죠. 쉬머링 파우더도 그렇잖아요. 근데 이 제품은 다른 버전이니까 있을 줄 알았어요. (모두에게) 하지만 뭐, 신경 쓰지 마세요. 여러분들이 더 잘 아실텐데요, 뭐. 저야 그냥 안내 부서를 담당하는 예쁜 얼굴일 뿐인데요. 저는 그럼. (나가려 한다).

에이버리: 자기 의견도 듣고 싶은데, 르네.

르네: (멈춰서 돌아 선다. 모두가 그녀를 표정없이 보고 있다. 에이버리만 르네를 관심있게 쳐다본다.) 음.. 우리는 고급제품을 사용하는 고객들이 고급 화장용 브러쉬를 갖고 있을거라 생각하죠. 하지만 평범한 여자들은 별 볼일 없는 직장에 출근하면서 차 안에서 거울을 보며 블러셔를 발라요.

에이버리가 옆에 서 있는 남자에게 손가락을 튕긴다. 그는 르네가 말하는 걸 받아 적기 시작한다.

르네: 그래서 그 사람들은 열받을 거예요. 8달러 50센트짜리 블러셔를 열었는데 브러쉬가 없어서 사용할 방법이 없다면 말이에요.

에이버리가 테이블에 기대며 집중해서 듣는다.

르네: 그럼 손가락으로 발라야 하는데, 아시다시피, 제대로 될 리가 없죠. 뭉쳐서 발라지거나, 긁히거나 하다가 결국 얼굴이 '브레이브하트' 처럼 될 거에요. 아니면 최근에 나온 그런 비슷한 것처럼요.

- **high end**
  고급의
  of very good quality and usually expensive
- **on the way to**
  ~로 가는 중에
- **up to date**
  최신의, 최근의

You know, it never goes on right.
전치사도 다양한 느낌과 뜻을 가지는 데 이 문장에서 'on' 은 활동이나 상태를 나타내고 있다.
• go right on 똑바로 가다

Zoom In

You know, it never goes on right.

아시다시피, 제대로 될 리가 없죠.

AVERY: (leaning her chin on her hands) That was very helpful, Renee.

RENEE: (unsure) Really? Okay. Great. If anybody needs anything...

RENEE: (walking away)...any water or anything, just give me a signal. The signal will just be something like..."Renee...we could use some more water" or something you know...(quietly, gesticulating) 'Thirsty... More water.'

AVERY: (smiling and waving) Thank you.

에이버리: (손으로 턱을 받치고) 정말 좋은 의견이야, 르네.

르네: (확신할 수 없는 듯) 그래요? 다행이네요. 누구라도 뭐 필요하신 게 있다면…

르네: (걸어 나가면서) …물이라든지, 뭐든지 알려만 주세요. 이렇게 하시면 되겠네요. "르네, 물 좀 더 줄래요" 라든가, (소리없이 몸짓을 하며) '목말라, 물 좀 더 줘요' 처럼요.

에이버리: (웃으며 손을 흔든다.) 고마워

Just give me a signal.
'give somebody something'은 '~에게 ~을 주다'라는 뜻으로 'give something to somebody'로 바꿔 쓸 수 있다.
= Just give a signal to me.

Zoom In

Just give me a signal.
알려만 주세요.

Movie Talk

MAKE YOUR WISH

RENEE: (TO MANAGER) I don't work here.
MOVIE: ZOLTAR SAYS MAKE YOUR WISH
JOSH: (TO HIMSELF) Make my wish… Right.

르네가 옛날 영화 Big의 한 장면을 보며 본인도 그렇게 소원을 이루고 싶어하는 장면이 있다. 여기서 이 장면은 1988년도에 개봉한 Tom Hanks 주연의 Big이라는 영화인데, 어린 아이가 다른 아이들에 비해 덩치가 작다는 이유로 원하는 여자에게 자신감이 없고 소심하지만 Zoltar라는 소원을 이루어주는 게임을 만나서 커지고 싶다고 소원을 말한다. 다음날 하루아침에 어린이에서 어른이 되어버리고, 삶이 완전히 달라진다. 장난감 가게에서 대형 피아노 장난감을 가지고 젓가락 행진곡을 발로 연주하다가, 가게에서 만난 다른 어른과 함께 연주하며 친해지게 되는데, 공교롭게도 이 사람은 바로 이 장난감회사의 사장이었다. 갈 곳이 없고, 막막했던 주인공에게 이 사장님은 장난감 감사 같은 직책을 주고 고용을 하게 된다. 원없이 장난감을 가지고 놀고, 그 장난감에 대한 피드백을 주며 돈을 엄청 버는 사람이 되어버렸다. 이후 점점 어린이가 아닌 어른이 되어가는 본인의 모습에 회의를 느끼고, 다시 어린이로 돌아가기 위해 이미 버려진

Zoltar기계를 찾은 후 같은 방법으로 어린이가 된다. 이 영화에서 보여주는 것은 누구나 한번쯤은 바로 어른이 되고 싶다는 그 어릴 적의 마음과 어린이의 순수성을 표현한데에서 중요성을 가진다.

일반적으로 이 영화를 언급할 때, 크게 두 가지 명장면을 꼽는데, 첫번째가 Tom Hanks가 Zoltar에게 소원을 비는 장면과 장난감 가게에서 사장과 함께 큰 피아노에서 뛰어다니면서 젓가락 행진곡을 연주하는 장면이다. 미국의 SNL에서 Zoltar를 가지고 패러디도 많이 하고, Tom Hanks를 불러다가 이번에는 다시 어려지고 싶다고 소원을 비는 장면으로 재구성을 하기도 했다. 또한 피아노 연주 장면

이 유명해서 여러 가지 Meme(모방하여 패러디하는 유행현상)으로도 나오기도 하였다. 특히 어른들의 동심을 자극해주는 장면으로서도 영화나 다른 미디어에서 인용되기도 한다.

르네는 이 한 장면을 보고 자신도 하루아침에 변해보기를 꿈꾼다. Zoltar에게 소원을 빌어서 본인도 하루만에 이뻐지고 다른 세상을 살고 싶어하는 모습을 그리고 있다. 재미있는 사실은 실제로 르네는 영화에서 그러한 모습을 보이고 있다. 운동하다가 다친 이후로 본인이 마치 아름다운 여성이 된 것처럼 착각하며 사는 모습을 그린 장면들은 영화 Big에서 가져왔다고 할 수 있다.

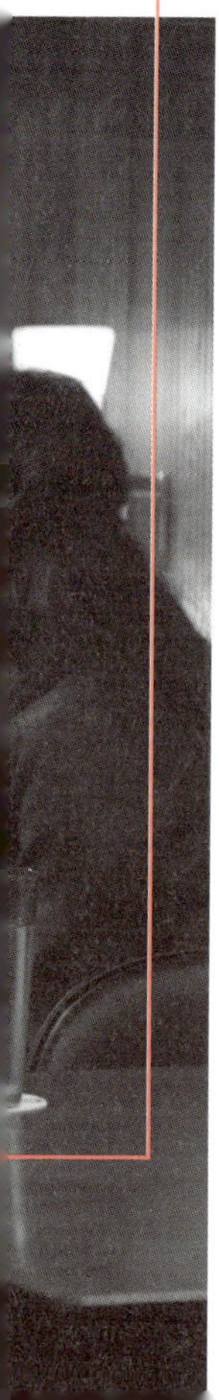

LUNA:	(OUT LOUD) What's up Soho, I'm Luna!
LUNA:	(OUT LOUD) Are you ready!
LUNA:	(OUT LOUD) Alright, y'all...
LUNA:	(OUT LOUD) I don't know what you came in here for today.

Soho는 뉴욕주 맨하탄의 남부에 있는 지역으로 여러 가지 문화, 예술, 건물, 패션 및 쇼핑 등으로 유명한 지역이다. 우리나라로 치면 신사역 가로수길과 논현동을 합쳐놓은 것과 비슷하다고 할 수 있다. 원래는 South of Houston의 앞의 글자를 따서 만든 말로써 일반적으로 Soho에 간다면 쇼핑하러 가는 것으로 관광객들 사이에서는 간주한다. 또한 이 지역 사람들은 외모나 옷이나, 이런 면에 아주 신경을 쓰고 다니는 것을 알 수 가 있다. 여기 Soul Cycle과 같은 당시 핫한 운동장소가 있다는 것은 어떻게 보면 당연한 것이다. 또한 영화상에서 르네가 외모에 집

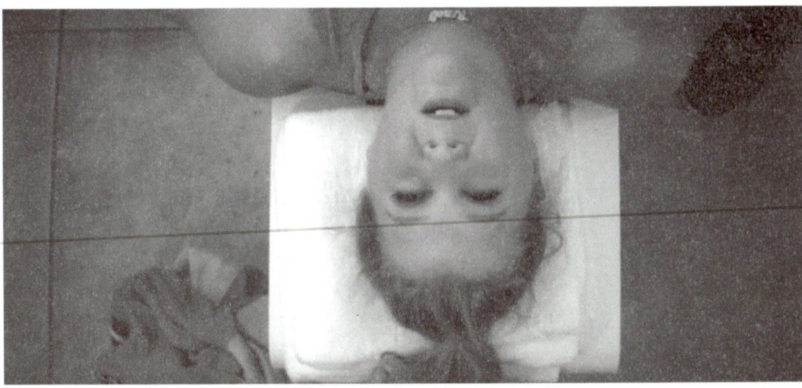

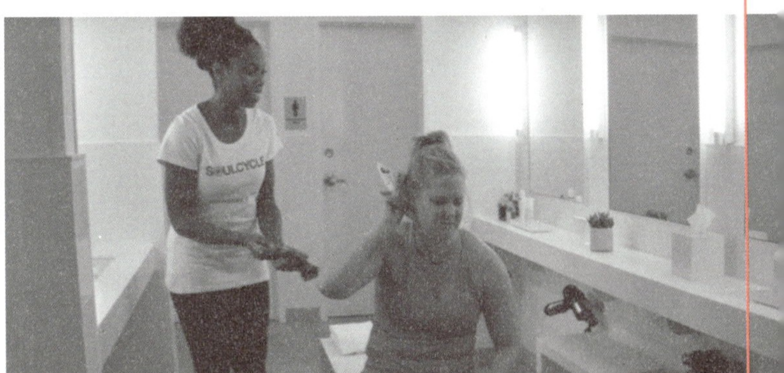

착을 가지고 있는 점도 사는 지역을 고려하면 어느 정도 이해가 된다고 볼 수 있다.

RENEE:	Oh God...
TASHA:	Here's an icepack.
RENEE:	Oh God, thank you.
TASHA:	And some water.
TASHA:	And we have a complimentary bandana.
RENEE:	You didn't have to do that.

르네가 운동을 하다가 본인의 실수이기는 하지만 운동 시설에서 다쳤다. 아무리 손님의 실수로 다쳤다고 해도 만약 제대로 된 조치가 없었더라면, 고소를 당할 수가 있다. 그렇기에 고객을 상대하는 다양한 업종의 가게에서는 별것이 아닌 경우에라도, 어떤 특정 절차를 통하여 조치를 취하는 모습을 흔히 볼 수 있다. 여기 장면에서도 직원이 끝까지 남아서 선물도 주고 신경도 써주는 것을 볼 수가 있다. 사실 저 정도 상황이면 당연히 앰뷸런스를 불러줘야 하지만, 영화 진행상 그냥 둔 것으로 보인다.

다시 말해 미국에서는 고소와 상해에 대해서 아주 민감한 편이다. 그래서 어디서 다쳤는가에 따라서 안내가 부족했다든가, 아니면 부주의의 문제에 따라서 어마어마한 금액의 손해 배상을 해줘야 할 필요가 있다. 다시 말해 르네가 다쳤다는 것은 얼마든지 고소가 가능하고, 만약 이길 경우 그 가게는 어마어마한 배상을 해야 할 정도이다. 예를 들어 이전에 맥도날드 드라이브 스루(drive-thru)를 지나가다가 뜨거운 커피를 자신의 다리 사이에 껴놓았다가 화상을 입은 여성이 맥도날드 상대로 고소를 해서 이긴 케이스가 있다. 어마어마한 금액을 받았는데, 자식들을 전부 사립대에 보내고도 남을 금액을 받았다. 한 학기에 2~3천만원하는 사립대 등록금인 것을 감안한다면, 어마어마한 금액이다. 이와 마찬가지로 르네도 얼마든지 고소가 가능하다. 그러므로 이 장면에서 보면 직원이 남아서 머리 밴드도 주고 마지막까지 지켜봐주고 있는데, 사실 이것보다 더 잘 해줘야 한다. 예를 들어 앞으로 운동 등록비를 면제 해준다든가, 병원까지 에스코트를 해준다던가 하는 특정 관례 및 절차가 있다. 하지만 영화 내용상 이정도에서 끝낸 것으로 보인다.

RENEE: How would anyone know that?

VIVIAN: Everyone would know that, right? Because I actually got...

VIVIAN: ...Andrea Zuckerman tattooed on my ankle...

VIVIAN: ...before you guys bailed on the idea.

RENEE: I forgot that, I'm sorry.

위의 대화에서 Andrea Zuckerman은 Gabrielle Carteris라는 배우가 연기한 Beverly Hills 90210 드라마의 여자 주인공이다. 이 드라마의 파장은 어마어마했었다. 1990년부터 2000년도까지 10년 동안이나 유행했던 드라마인데, 이때 패션부터 문화까지 젊은이들에게 엄청난 영향을 끼쳤었다. 이 드라마의 배경은 주인공 Brandon과 Brenda가 미네소타에서 캘리포니아로 이사오면서 시작되는 이야기이다. 당시에 사랑, 성, 강간, 동물보호, 평화, 에이즈, 마약, 학교폭력, 청소년 임신, 청소년 자살, 인종차별 등 90년대에 사회적으로 문제가 되었던 부분들을 다루었다. 당시 Beverly Hills 하면 경제적으로 부유한 계층이 많이 사는 동네로, 서초동이나, 강남을 예로 들면 알맞다. 하지만, 이 드라마는 사실 첫 시즌은 그다지 인기를 끌지 못했다. 그런데 외전 버전으로 여름 에피소드가 엄청난 인기를 끌면서 소위 미국의 드라마에서 최상위권을 차지하게 된다. 90210은 이 지역의 우편번호를 의미하며 드라마는 고등학생에서 대학생 그리고 사회인이 되기까지를 다루었다.

영화에서 비비안이 Andrea Zuckerman의 얼굴을 발목에 문신했다고 한다. Andrea Zuckerman의 경우 초반에 아웃사이더였지만 점점 더 메인으로 들어오게 되는 스토리를 가지고 있다. 특히 성, 지위, 인종 차별 및 정치에 관련된 에피소드에서는 주인공역할을 맡았다. 또한 이미지는 아웃사이더였지만, 결국에는 인사이더가 되며 여러 친구들과 어울리는 모습을 보여주었다. 당시 Vivian은 아마도 이러한 Andrea의 모습에 감동을 한 나머지 발목에 문신까지 새겨 넣은 것으로 추정된다. 하지만 사회적으로 배우의 얼굴을 본인의 몸에 문신으로 새겨 넣은 것은 그다지 이성에게 어필이 되지는 못할 것이다. 더군다나 한물간 배우로써 아직도 과거에 묻혀 살고 있다는 모습도 나타난다고 볼 수 있다.

RENEE: Great?

RENEE: Guys, I'm a Kardashian. One of the Jenner ones.

VIVIAN: Maybe now that you're contacts are in…

Kim Kardashian은 미국의 패션디자이너이기도 하고 우리나라에도 잘 알려진 패리스 힐튼의 절친 중 하나로도 잘 알려져 있다. 하지만 더 유명한 것은 그녀의 몸매인데, 세계에서 가장 엉덩이가 예쁜 여자로 알려져 있다. Reality쇼 중 하나인 Keeping up with the Kardashians로 엄청 유명해졌는데, 이후에 Kourtney and Kim take New York과 Kourtney and Kim Take Miami의 스핀오프로도 계속 이어졌다. 이때 이후로 미디어의 관심을 많이 받게 되었는데, 누구와 만나는지, 무슨 일을 하는지가 social media를 통해서 공개되며 유명해졌다. 또한 나중에는 슈퍼볼 광고에도 나오면서 본인의 아름다운 몸의 사진을 위해 모두가 기부를 해줘야 한다는 광고도 찍게 된다. 이제는 Kardashian하게 되면 무조건 눈에 띄고, 하나의 패션 및 스캔들 아이콘으로 잘 알려져 있다. 여기서 르네가 본인을 Kardashian이라고 함으로써 본인도 눈에 띄고 몸매가 엄청난 모습을 자랑하는 것을 보여주고 있다.

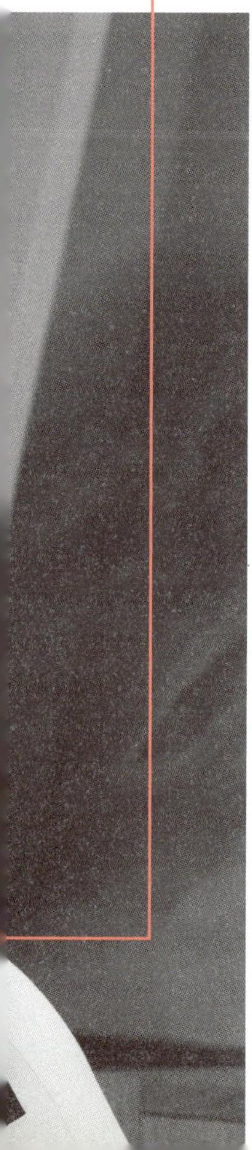

Chapter 5

이든과의 데이트

A date with Ethan

시간 00:44:11~00:53:43

Renee arrives home from work. She walks into the entrance way of her apartment, hangs her bag on a hook by the door, leans on the corner at the entrance to the living room, and takes off her shoes. She holds her phone in her right hand and is smiling to herself. Now in front of the full-length mirror in the room, she removes her pink jacket, turns sideways to assess herself, smiles with satisfaction, then turns back face on to the mirror. Satisfied, she picks up her phone from the table next to the mirror and punches numbers.

ETHAN: (phone) Hello?

RENEE: (phone) Hi, Ethan. (Turning back around and brushing her hair.) I know calling a new love interest can be stressful, so I just wanted to take that pressure off you. (Turning at an angle to the mirror and adjusting the left shoulder of her sleeveless top.) You know you wonder like, how long should I wait to call. (Dropping her left arm and raising her chin to the mirror.) Or is she too good for me, blah-blah-blah. (with a sudden coy flick of her left arm) But ah... I'm just gonna take all the heavy lifting off of you and let you know that...You are taking me out.

르네는 퇴근해 집에 도착한다. 아파트 입구로 걸어 들어와 문 옆의 고리에 가방을 건다. 거실 입구 코너에 기대 신발을 벗는다. 오른손에 핸드폰을 들고 흐뭇해하고 있다. 방 안에 있는 전신 거울 앞에서, 핑크색 자켓을 벗고 옆으로 돌아 몸매를 살핀다. 흡족하게 웃고, 다시 거울을 마주본다. 만족스러워하며 거울 옆의 탁자에서 핸드폰을 들어 번호를 누른다.

이든: (전화로) 여보세요?

르네: (전화로) 안녕, 이든. (다시 돌아서서 손으로 머리를 빗는다.) 먼저 전화하는 게 힘들 거 같아서, 부담 덜어주려고 전화했어요. (거울을 보고 비스듬히 서서 민소매 티의 왼쪽 어깨 끈을 만지작거린다.) 언제쯤 전화해야 할지 고민했겠죠. (왼쪽 팔을 떨구고 턱을 들어올리며) 아니면 너무 과분한 여자일까, 뭐 그런 고민이요. (수줍다는 듯 팔을 휙 움직이며) 근데… 그냥 그런 부담 덜어주려고 해요. 그래서 말인데… 데이트 신청해도 받아 줄게요.

- **full-length mirror**
  전신거울
- **sideways**
  옆으로, 모로
- **punch numbers**
  (컴퓨터 자판, 전화기에) 번호를 치다, 누르다
- **love interest**
  애정 상대
  Two people, usually at young ages, who test each other with romantic advances and have sexual feelings for each other, but don't actually commit to each other.
- **coy**
  수줍어하는, 내숭을 떠는
- **flick**
  휙 움직임

Staring directly at herself in the mirror while brushing the front of her skirt with the back of her hand then turning abruptly with her back to the mirror.

ETHAN: (phone) Who is this again?

RENEE: (phone, momentarily quizzical) Oh yeah, Renee from the dry cleaner.

Renee and Ethan cross the street together. Behind them are stores with people milling around. There's a small group of people in front of a pizza shop. Next to it is Joe's Playland, selling cotton candy and taffy.

RENEE: Aren't you glad we're going this?

ETHAN: (impassive) (to Renee) I'm pretty scared of you, so I was a little afraid to not do this.

RENEE: (laughing) Right. So what do you do?

ETHAN: I'm at CNN.

RENEE: Oh.

ETHAN: Working in operations. It's not what I want to do. I'm trying to segue into being a cameraman.

RENEE: (looking at Ethan and showing interest.) Oh.

ETHAN: But it's sort of a boys club over there. So I can't just...(Renee laughs again.) ...What?

RENEE: (looking directly at Ethan and gesticulating with her hand) Well only girls complain about things being a boys club.

ETHAN: (laughing) Yes, good point, but I mean it's like a different breed of like boys club. Like tattoos. C-class drivers licenses.

RENEE: (dubious) I'm sure you're just in your head about...

거울에 비치는 모습을 정면으로 바라보고 손등으로 치마를 쓸어 내린다. 거울을 등지고 확 돌아선다.

이든: (전화로) 누구시라고요?

르네: (전화로, 순간적으로 당황하며) 오, 르네요. 세탁소에서 만났던.

르네와 이든은 함께 길을 걷고 있다. 뒤에 상점이 있고 사람들이 돌아다닌다. 피자 가게 앞에 사람들이 조금 모여있다. 그 옆엔 솜사탕과 엿을 파는 조의 놀이터가 있다.

르네: 우리 이렇게 데이트 하니까 좋지 않아요?

이든: (감흥없이 르네에게) 솔직히 당신이 무서워서, 데이트하기 싫다고 말할 수가 없었어요.

르네: (웃으면서) 알았어요. 무슨 일 해요?

이든: CNN에서 일해요.

르네: 오.

이든: 운용부에서 일해요. 원래 원하던 부서는 아니에요. 지금은 카메라맨이 되려고 하고있어요.

르네: (이든을 보고 흥미롭다는 듯) 그렇구나.

이든: 그런데 거기는 남자들이 득실거려서, 그래서 내가 그냥 적응하기에는... (르네가 다시 웃는다) ...왜 웃어요?

르네: (이든을 똑바로 쳐다보고 손짓하면서) 여자들이나 남자들끼리 어울리는 모임 불평하는 줄 알았죠.

이든: (웃으면서) 네, 그렇긴 한데 이건 좀 다른 종류의 남자들 클럽이에요. 문신하고, C-클래스 면허를 가지고 있다던가.

르네: (반신반의하며) 뭐 때문에 그러는지 알겠네요.

- take somebody out
  ~를 데리고 나가 대접하다
- mill around
  서성거리다
- taffy
  태피, 엿 (설탕을 녹여 만든 무른 사탕)
- impassive
  무표정한, 아무런 감정이 없는
  =cool, emotionless, matter-of-fact
- segue
  넘어가다

Aren't you glad we're going this?
부정으로 묻는 의문문은 동의를 구하는 느낌이 더 들어있다. 대답을 할 땐 일반 의문문으로 생각하고 긍정이면 'Yes', 부정이면 'No'로 대답하면 된다.

Zoom In

Aren't you glad we're going this?

우리 이렇게 데이트 하니까 좋지 않아요?

ETHAN: They call me Wheat Thin...

RENEE: (looking and pointing at him) Oh because of Ethan. That's clever.

They are walking in front of a merry-go-round. Ethan stops. Renee keeps walking. He suddenly understands, shrugs, then continues walking.

ETHAN: Wheat Thin–Ethan... That is it!

RENEE: Hot dog...

ETHAN: Wheat Thin–Ethan... That's not even as bad as what I thought they meant.

Now they are walking slowly on a boardwalk in front of the beach.
Ethan looks at Renee while she's speaking. He seems to be really interested in her, thoroughly captivated.

RENEE: No, I mean I used to be, where you are right now. I was working in this tiny office. Like tiny. And I never thought I'd make it to 5th Avenue. But I mean look at me now. I'm a receptionist. I haven't said that out loud yet. I... Renee am a receptionist.

She's carrying a hot dog in her left hand. She puts the remaining piece of sausage into her mouth.

ETHAN: (stopping) Oh that was my hot dog. You ate both of them.

RENEE: (suddenly excited and pointing behind Ethan) Oh a bikini contest! We're going!

이든: 거기서는 절 이쁜이라고 불러요.

르네: (이든을 쳐다보고 가리키면서) 이름이 이든이라? 기발하네요.

그들은 회전목마 앞을 지나고 있다. 이든이 멈추고 르네는 계속 걸어간다. 그가 갑자기 알아차렸다는 듯, 어깨를 으쓱하며 다시 걷는다.

이든: 이쁜, 이든.. 그랬구나!

르네: 핫도그네.

이든: 이쁜, 이든. 내가 생각한 것보다 나쁜 의미는 아니었네.

이번에 그들은 해변가의 산책로를 천천히 걷고 있다.
르네가 말하는 동안 이든이 그녀를 쳐다본다. 그는 르네가 마음에 든 듯 완전히 매료된 것 같다.

르네: 저도 당신 처지랑 똑같았어요. 골방 같은 사무실에서 일했었죠. 제가 본사에서 일할 줄 상상도 못했어요. 근데 지금 절 봐요. 안내 직원이에요. 이렇게 소리 내서 말해본 적 없는데. 나, 르네는 안내 직원이에요.

왼손에 핫도그를 들고 있다. 남은 소시지를 입에 넣는다.

이든: (멈춰 서면서) 어, 그거 제 핫도그였는데. 두 개 다 먹었네요.

르네: (갑자기 흥분해서 이든의 뒤를 가리키며) 오, 비키니 콘테스트다! 우리 저기 가요!

- merry-go-round
  회전목마
- captivate
  마음을 사로잡다, 매혹하다

That's not even as bad as what I thought they meant.
'as ~ as' 비교는 항상 원급의 형태를 가진다. '~ what I thought (that) they meant' 에서 목적절 접속사가 생략되어 문장(they meant)이 한 번 더 나올 수 있다.
= That's not even so bad as what I thought they meant.

Zoom In That's not even as bad as what I thought they meant.

내가 생각한 것보다 나쁜 의미는 아니었네.

BANNER: TONITE BANG' N BIKINI CONTEST

Inside the bar advertising the bikini contest.
Loud music is playing, the seats at the bar and tables inside are all full. Ethan is standing behind the people sitting at the bar.

ETHAN: (concerned) You sure this is where you want to be? There's a bar just down the thing, they're doing Latin rhythm's night.

RENEE: (enthusiastic) Oh we should hit that next.

ETHAN: Yeah. Or sooner.

RENEE: Great.

They walk to a table in front of a small stage with a group of women standing in bikinis.

RENEE: (to waitress) Anybody sitting here?

ETHAN: You sure no one is sitting here?

RENEE: Oh yeah, it's like starting.

ETHAN: (sitting down) You know I'm...cool with this. As long as you're...comfortable sitting here, while these women are...kinda naked.

Standing, looking at the women on the stage, while folding up her shorts up, then unzipping them.

RENEE: Kinda? They look great.

ETHAN: (surprised) What are you doing?

She has opened the front of her shorts to reveal the top of her panties and is pulling up her t-shirt, exposing her midriff.

배너: 오늘 밤 섹시한 비키니 콘테스트

비키니 콘테스트를 광고하는 바 안.
음악이 시끄럽게 흐르고, 실내의 바와 테이블 좌석이 꽉 차있다. 이든은 바에 앉아있는 사람들 뒤에 서 있다.

이든: (걱정스럽다는 듯) 진짜 여기 괜찮아요? 저기 좀 조용한 바도 있던데. 라틴 음악 축제 한대요.
르네: (신나서) 거기는 다음에 가요.
이든: 그래요. 아니면 지금이라도...
르네: 딱이네.

작은 무대 앞에 있는 테이블로 걸어간다. 무대 위에는 비키니를 입은 한 무리의 여성들이 있다.

르네: (종업원에게) 여기 앉아도 되나요?
이든: 빈 자리 맞아요?
르네: 그럼요, 시작하나 봐요.
이든: (앉으면서) 저기, 저는 괜찮은데. 당신만 괜찮다면요. 그런데 벗다시피 한 여자들 보면서 앉아 있으려니 좀.

무대 위의 여자들을 보며 서서, 바지를 위로 접어 올리고 지퍼를 내린다.

르네: 거기 알몸이라고요? 멋져보이기만 하네요.
이든: (깜짝 놀라서) 당신 지금 뭐 하는 거예요?

바지 앞을 벌려 팬티의 윗부분을 보이게 하고 배를 노출하면서 티셔츠를 치켜 올리고 있다.

- advertise
  광고하다, 알리다
- hit
  (어떤 장소에) 닿다, 이르다
  to arrive at a place or position
- naked
  벌거벗은, 아무것도 걸치지 않은
- unzip
  지퍼를 열다, 지퍼가 열리다

We should hit that next.
조동사 'should'는 보통 의무를 나타낼 때 쓰이지만, 이 문장에서는 제안을 나타내고 있다.
• hit (어떤 장소에) 닿다, 이르다

Zoom In

We should hit that next.
거기는 다음에 가요.

RENEE: Well I don't...have a bathing suit. So I have to improvise. (She ties her t-shirt in a knot below her breasts.) Kinda hotter than a bathing suit, because...it's like unexpected, and you can like see most of my butt. (turning sexily to show him her butt)

ETHAN: (leaning forward) Wait, are you entering the bikini contest?

RENEE: (taking the pins out of her hair and brushing it out) Yeah!

ETHAN: No!

RENEE: It's five hundred bucks to the winner. Did you see the sign?

ETHAN: Yeah, but I think you probably had to pre-register on-line. And then there's the issue of the non-regulation bikini. Honestly, that Latin rhythm night...

Renee rolls her sleeves into her shoulders, exposing her arms while he's remonstrating.

RENEE: (sitting at the table) Oh wait, I see what's going on. You're worried that the guys are going to be drooling all over me.

ETHAN: Uh-uh...

RENEE: Oh my God, that's so sweet. But don't worry, okay. I'm here with you. I came with you. And I'm leaving with you. (Ethan smiles awkwardly.) But I do need your help with something. (standing) Now what do you think? Shoe on or shoe off? (She takes off her left sandal.) This is off.

르네: 비키니를 안 입고 왔으니 즉석에서 만들어야죠. (가슴 밑에 티셔츠로 매듭을 만든다.) 수영복보단 더 섹시할 거예요. 신선하고, 엉덩이도 많이 보이고 말이이에요. (섹시하게 돌아 엉덩이를 내밀면서)

이든: (앞으로 몸을 기울이며) 잠깐만, 설마 참가하려고 들어온 거예요?

르네: (머리에서 핀을 빼 머리를 쓸어 내리면서) 그럼요!

이든: 안 돼요!

르네: 상금이 5배붙이래요. 광고 봤죠?

이든: 봤죠, 근데 인터넷으로 먼저 신청해야 하지 않나요? 그리고 비키니도 규정에 안 맞고. 솔직히, 라틴 음악의 밤이나 가는게..

이든이 르네를 말리는 동안 그녀는 어깨로 소매를 말아 올리면서 팔을 드러낸다.

르네: (테이블에 앉으면서) 이런, 왜 그러는 지 이제 알겠네. 날 보고 남자들이 온통 침 흘릴까봐 걱정하는 거죠.

이든: 아니..

르네: 어쩜, 다정하기도 해라. 근데 걱정 말아요. 난 당신이랑 있고, 당신이랑 왔고, 당신이랑 나갈 거니까. (이든이 어색한 미소를 짓는다.) 그래도 이겨야 하니까 좀 도와줘요. (일어서면서) 어때요? 신발 신은 거, 벗은 거? (왼쪽 샌들을 벗는다.) 이게 벗은 거예요.

- **improvise**
  뭐든 있는 것으로 만들다[처리하다]
  to make or do something using whatever you have or without having planned it in advance.
- **tie... in a knot**
  …에 매듭을 만들다
- **butt**
  엉덩이
- **remonstrate**
  항의하다, 불평하다
- **drool**
  침을 흘리다

I have to improvise.
'improvise'는 '(필요한 것이 없어서) 뭐든 있는 것으로 처리하다'라는 의미로, 다양한 상황에서 쓰일 수 있지만 이 장면에서는 비키니가 없으니 입고 있는 옷으로 비키니를 만든다는 것을 의미한다.

Zoom In

I have to improvise.
즉석에서 만들어야죠.

ETHAN: (feeling uncomfortable and looking down, away from Renee) Right.

RENEE: This is me with it on. This is like barefoot–hippie she doesn't care or...

ETHAN: (shrugging, his voice becoming a little high–pitched) Honestly at the end of the day, I don't know if it's going to have a...dramatic effect either way. So I would go shoes on, because the carpet is disgusting.

RENEE: Okay, cool. Wish me luck.

She runs around behind him and kisses him on the cheek.

ETHAN: Good luck.

RENEE: I got this.

ETHAN: Yeah. (to himself) So scared...

Stage.

A sign behind says Bang'n Bikini Contest. The MC stands alone with a mike in his hand. He's dressed in a Hawaiian style floral shirt and pink shorts. A crowd of people sitting at small tables with beer bottles on them sit pressed right up to the stage.

MC: (out loud) Welcome to the semi–annual Ruby's Bangin' Bikini Contest. (loud applause) We're going to start it out, and do it proud. Here she comes everybody, let's bring out our girls. Lacey J.

The first contestant comes on to the stage, posing in a pink bikini.

MC: (out loud) She's pursuing her certificate in heating and cooling maintenance. Fire and ice, she sure is!

이든: (불편해하면서 르네를 피해 아래를 내려다본다.) 그래요.

르네: 이건 신었을 때. 이건 자유로운 히피 같고, 이건..

이든: (어깨를 으쓱하며 목소리를 살짝 높인다.) 솔직히, 어떻게 하든 별 차이 없어 보여요. 그냥 신어요. 카펫 더러우니까.

르네: 좋아요. 행운을 빌어줘요.

그녀는 이든의 뒤로 뛰어가 볼에 키스한다.

이든: 행운을 빌어요.

르네: 나만 믿어요.

이든: 네. (혼잣말로) 무서워 죽겠네.

무대.
뒤에 있는 현수막에 섹시한 비키니 콘테스트라고 적혀있다. 사회자가 마이크를 들고 혼자 서 있다. 그는 꽃무늬 하와이 티셔츠와 핑크색 바지를 입고 있다. 많은 사람들이 맥주병이 놓인 작은 테이블에 앉아, 무대 앞까지 빼곡하게 차 있다.

사회자: (크게) 1년에 두 번 있는 루비스 뱅잉 비키니 콘테스트에 오신 걸 환영합니다! (큰 박수) 곧 시작하니 즐거운 시간 되길 바랍니다. 자 그럼 여러분, 참가자들을 모셔볼까요? 레이시 제이.

첫번째 참가자가 핑크색 비키니를 입고 포즈를 취하면서 무대로 나온다.

사회자: (크게) 냉난방 유지보수 자격증을 공부중인 분입니다. 불과 얼음 같은 여성이죽!

- barefoot
  맨발의
- at the end of the day
  결국 가장 중요한 것은
  something that you say before you give the most important fact of a situation
- disgusting
  역겨운, 구역질나는
- applause
  박수 (갈채)
  do it proud = act in a way that gives someone cause to feel pleased or satisfied.
- contestant
  참가자
- certificate
  자격증, 면허증

I would go shoes on, because the carpet is disgusting.
'would'는 가정의 상황을 말할 때 쓰이는 것으로, 'If I were you'라고 가정하는 문장이 생략되었다 볼 수 있다.

Zoom In

I would go shoes on, because the carpet is disgusting.

그냥 신어요. 카펫 더러우니까.

The second contestant, in a blue bikini, comes on.

MC: (out loud) Is there a doctor in the house? No! But there is a dental assistant and her name is Tiffany!

Another contestant does the splits on stage.

MC: (out loud) Look at that! Oh! Whoa! Work it out!

The next girl gyrates wildly on stage, then blows a kiss to the crowd. Ethan claps, looking uncomfortable.

MC: (out loud) Watch out guys, it's about to heat up! Because...here comes Vanessa! Our Vanessa here has been to eleven of our United States. So give it up for Vanessa! (Ethan looks more and more nervous.) Oh we've got a late entry here. (Ethan closes his eyes.) I hope her buns are tighter than this penmanship, cause this is really hard to read. But um...

The MC is trying to read the small note in his hand. All the contestants stand in a line behind him, facing him, hands on their left hip, smiling.

MC: (out loud) keep it going for Renee Bennett? (Renee walks on and he gestures towards her. The room goes quiet.) Renee Bennett. (Assessing her look. There's a lull in his enthusiasm.) Whoa, are you here for the bar back job or...? You're in the contest? Okay.

She walks up to him and boldly takes the mike from his hand.

RENEE: (to MC) I got it. I got it.

파란색 비키니를 입은 두번째 참가자가 등장한다.

사회자: (크게) 여기 의사 있나요? 없지요! 하지만 우리에겐 치위생사 티파니가 있습니다!

또 다른 참가자가 무대에서 다리를 찢는다.

사회자: (크게) 이게 뭔가요! 오! 대박! 훌륭하네요!

다음 여성이 무대에서 섹시하게 몸을 흔들고, 사람들에게 키스를 날린다. 이든은 박수를 치는 데 즐거워 보이지 않는다.

사회자: (크게) 다들 긴장하세요, 너 날아오릅니다! 바네사가 나옵니다! 바네사는 미국에서 지낸 지 11년이 됐다는 군요. 바네사에게 박수를 주세요! (이든은 점점 더 긴장하는 것처럼 보인다.) 늦게 신청한 참가자가 있네요. (이든이 눈을 감는다.) 몸매가 글씨보다 더 낫길 빌어야겠어요. 글씨가 엉망이네요.

사회자가 손에 있는 쪽지를 읽으려 한다. 모든 참가자들이 뒤에서 사회자를 향해 한 줄로 서 있다. 웃으면서 왼쪽 골반에 손을 얹고있다.

사회자: (크게) 음.. 얼추 읽어 보면 르네 베넷? (르네가 걸어 들어오고 사회자가 그녀를 가리킨다. 바 안이 조용해진다.) 르네 베넷. (르네의 외모를 따져보며. 갑자기 차분해진다.) 저기, 혹시 일하러 오셨어요? 참가자인가요? 그렇군요.

르네가 사회자에게 걸어가 대담하게 마이크를 뺏는다.

르네: (사회자에게) 제가 할게요. 주세요.

- **dental assistant**
  치위생사
- **do the splits**
  다리를 찢다, 다리 찢기를 하다
- **gyrate**
  (신체 일부를) 빙빙 돌리다
  to dance, especially in a sexual way
- **give it up (for somebody)**
  (~에게) 박수를 보내다
- **buns**
  엉덩짝
- **penmanship**
  글씨
- **lull**
  잠잠한 시기, 소강상태

Are you here for the bar back job?
'for'는 목적을 나타내기 위한 전치사로 '바의 주방일을 위해'라는 의미를 가진다.
• bar back 바텐더 보조, 주방일

Zoom In

Are you here for the bar back job?

혹시 일하러 오셨어요?

I FEEL
PRETTY

I FEEL
PRETTY

I FEEL
PRETTY

MC: You got it? Okay.

Holding the microphone and walking confidently to the front of the stage waving her left hand to the crowd.

RENEE: Hello everyone, I am Renee! As advertised! (The crowd is silent.) Renee hails from the Long Island and she is a receptionist. Hola!

No-one responds. A man scratches his beard, looking unconvinced. Another man stares, open-mouthed.

RENEE: Renee enjoys watching people trying to cover up their disappointment from their dreams being shattered on shows such as Antiques Road show and Shark Tank.

Renee struts back and forth across the stage, bending, moving her arm, and flaunting her exposed midriff, unconcerned by the lack of crowd response. Ethan looks skeptical.

RENEE: And Renee is not afraid of returning things for store credit!

She thrusts her pelvis provocatively several times at the crowd. They applaud. Ethan sneers.

RENEE: Renee was kicked out not once, but twice from "a New Kids on the Block Concert" for crying too hard. Joey! Am I right? Joey!

The crowd cheers. They are starting to enjoy her show.

사회자: 직접 한다고요? 알았어요.

마이크를 들고 무대 앞으로 당당하게 걸어가 사람들에게 왼손을 흔든다.

르네: 안녕하세요, 말 했듯이, 전 르네예요! (관객이 조용하다.) 르네는 롱 아일랜드 출신이고 안내 직원이죠. 안녕!

반응이 없다. 한 남자가 믿기지 않는 다는 듯 수염을 긁적인다. 또 다른 남자는 입을 벌린 채 보고 있다.

르네: 르네는 사람들이 '앤티크 로드' 나 '샤크 탱크' 같은 쇼에서 그들의 기대가 산산조각 났을 때 실망하지 않은 척 애쓰는 걸 즐겨 봐요.

르네는 무대를 이리저리 활보하고 팔을 굽히고 흔들면서 노출시킨 허리를 과시하듯 내보인다. 관객의 반응은 신경쓰지 않는다. 이든은 회의적인 것 같다.

르네: 또 르네는 환불도 포인트로 막 한답니다!

그녀는 관객을 향해 도발적으로 골반을 흔든다. 관객이 박수 친다. 이든이 쓴웃음 짓는다.

르네: 르네는 '뉴 키즈 온 더 블록 콘서트' 에서 너무 울어서 두 번이나 쫓겨났어요. 그쵸? 대박!

사람들이 환호한다. 르네의 쇼를 좋아하기 시작한다.

- **hail from**
  ~출신이다, ~에서 태어났다
  =be from
- **beard**
  (턱)수염
- **shatter**
  산산조각 나다
- **strut**
  뽐내며 걷다, 활보하다
- **flaunt**
  과시하다, 관능미를 과시하다
- **pelvis**
  골반
- **provocatively**
  도발적으로, 자극적으로

Renee is not afraid of returning things for store credit!
- store credit 물건 값을 상점의 채무(포인트 등)로 처리하는 것
- be afraid of ~을 두려워하다, 염려하다

Zoom In

Renee is not afraid of returning things for store credit!

르네는 환불도 포인트로 막 한답니다!

MAN: (out loud) Marry me!

Ethan, clapping tepidly, looks at the man, concerned.

RENEE: And although you ladies all seem super chill...I did not come here to make friends. Okay? DJ, hit it!

The crowd is engaged, watching her intently. Renee looks up to the DJ behind the crowd and points to him. She tosses the mike back to the MC. Music starts. Renee kneels down on her hands and knees on the stage, then wiggles her body to the music as she raises herself up again. Ethan takes a swig of beer. Her arms raised, Renee stands, jumps around to face the crowd and starts to gyrate to the music. Ethan spews out his beer in shock. Renee continues her dance. Ethan watches approvingly, starting to enjoy the show. Renee moves, thrusts, gyrates, goes down on hands and knees and crawls to the front of the stage. She puts her finger into the mouth of the bearded guy sitting in the front and plays with his face. Ethan looks jealous. Renee stands up, still dancing. Ethan shrugs his shoulders and mouths something to her. She runs to the back of the stage, grabs a handful of flowers and throws them into the crowd. Then she takes two pitchers of water, runs back to stage-front, kneels and pours them both over herself, rising up on her knees, jiggling her breasts and throwing her head back. The crowd cheers. Ethan rises to stand, clapping. The crowd join in, giving her a standing ovation.
MC Comes to the front of the stage. Renee is now at the front of the line of girls behind him.

MC: And now it's time to tally the votes. Are you guys ready?

The girls all look expectant. Ethan listens, hopeful.

MC: The winner of these years, Ruby's Bangin' Bikini Contest. Lacey J. from New Brunswick, New Jersey! Lacey! Take a lap! Come on, Lacey! Beautiful!

남자: (크게) 결혼해줘요!

이든은 마지못해 박수를 치면서 신경 쓰이는 듯 남자를 쳐다본다.

르네: 여성분들 너무 싸늘한 거 같은데… 전 여기 남자 꼬시러 온 거 아니에요. 걱정 마요. 디제이, 음악 주세요!

관객들이 흥미롭다는 듯 집중해서 그녀를 쳐다보고 있다. 르네가 관객 뒤에 있는 디제이를 향해 고개를 들면서 손짓 한다. 르네가 마이크를 사회자에게 던진다. 음악이 시작된다. 르네가 무대에 손과 무릎을 대고 엎드린다. 그리고 다시 일어서면서 음악에 맞춰 몸을 실룩거리며 흔든다. 이든이 맥주를 벌컥벌컥 마신다. 팔을 들고 르네가 일어선다. 사람들 쪽으로 뛰어 돌아서면서 음악에 맞춰 허리를 돌린다. 이든이 놀라서 맥주를 뿜는다. 르네는 계속 춤을 춘다. 이든이 쇼를 즐기기 시작하면서 좋다는 듯 본다. 르네는 움직이고, 골반을 튕기고, 흔든다. 엎드려서 무대 앞으로 기어간다. 자신의 손가락을 앞에 앉아 있는 수염 난 남자의 입에 집어넣고 얼굴을 만지작거린다. 이든이 신경 쓰는 것처럼 보인다. 르네가 일어서서 계속 춤을 춘다. 이든이 어깨를 으쓱하며 입모양으로 무언가 말한다. 그녀가 무대 뒤로 달려가 꽃을 한 움큼 쥐고 관객에게 던진다. 그리고 나서 물 병 두 개를 들고 다시 무대 앞으로 뛰어와 무릎을 꿇고 자신의 몸에 물을 쏟는다. 무릎을 대고 서서, 가슴을 흔들고 머리를 뒤로 젖힌다. 사람들이 환호한다. 이든이 일어서서 박수를 친다. 사람들이 같이 일어나 기립박수를 친다.
사회자가 무대 앞으로 나온다. 이제 르네는 사회자 뒤에 서 있는 여성들 줄 맨 앞에 있다.

사회자: 이제 투표 집계를 하겠습니다. 준비 되셨나요?

출전한 여성들은 모두 기대하는 것 같다. 이든도 기대하며 듣고 있다.

사회자: 루비스 뱅잉 비키니 콘테스트 올해의 우승자는, 뉴저지, 뉴브런즈윅에서 온 레이시 제이! 레이시! 한 번 돌아주세요! 어서요, 레이시! 아름답군요!

- tepidly
  미지근하게, 열의 없이
- kneel down
  꿇어 앉다
- wiggle
  씰룩씰룩 움직이다
- take a swig
  꿀꺽꿀꺽 마시다
- spew out
  뿜어져 나오다, 분출되다
- jigglc
  흔들다, 움직이다
- standing ovation
  기립 박수

And now it's time to tally the votes.
'It's time to ~'는 '~할 때(시간)다'라는 뜻으로 '주어 should ~'로 바꿔 쓸 수 있는데, 이 때 주어는 맥락에 따른 행위자가 되어야 한다.
=And now we should tally the votes.

Zoom In

And now it's time to tally the votes.
이제 투표 집계를 하겠습니다.

She walks up to the MC. The crowd cheers. Ethan looks disappointed.

Ethan and the MC are sitting at the bar, having a drink.

MC: Don't worry Romeo, she'll be right out.

ETHAN: Yeah, I didn't know if they go backstage. (peering towards the stage) Is there a backstage here?

MC: Yeah, it usually leads to rehab. (to Ethan) But that Renee? That's your girl, right?

ETHAN: Ah, friend for now.

MC: Friend?

ETHAN: Friend, this is kinda our first night out.

MC: (dismissively, as if to himself) Alright, I didn't ask for a podcast. Either way, your lady killed it tonight. She is awesome. She is the complete package.

ETHAN: Yeah, I'm getting to know that. Um, I've never seen anything like that.

MC: Now the girl who won...who happens to be my God-niece...of course she was hotter. But let's say this, it's a lonely dark night, you got a flat. Who do you want next to you? Your girl. Yeah. Your girl can handle herself in a knife fight and I like that. Dude, up here.

He raises his right hand. Ethan gives him a high-five.

ETHAN: Thank you.

MC: Tonight's your night, good luck.

그녀가 사회자에게 걸어온다. 사람들이 환호한다. 이든은 아쉬워 한다.

이든과 사회자가 바에 앉아 술을 마시고 있다.

사회자: 걱정 마요, 남친 양반. 금방 나올 거예요.

이든: 네, 백스테이지로 가는 지 몰랐어요. (무대 쪽을 쳐다보면서) 백스테이지가 있어요?

사회자: 그럼요. 흥분 가라앉히고 오겠죠. (이든에게) 아무튼 르네? 당신 여자친구죠?

이든: 지금은 그냥 친구예요.

사회자: 친구?

이든: 친구요. 오늘이 첫 번째 데이트예요.

사회자: (시큰둥하게, 혼잣말하듯이) 뭐, 일일이 설명할 거 없어요. 어쨌든, 당신 친구 오늘 끝내 줬어요. 진짜 최고더군. 완전 멋진 여자예요.

이든: 맞아요, 그런 거 같아요. 저런 건 처음 봤거든요.

사회자: 오늘 우승한 애는 제 조카예요. 물론, 걔가 더 섹시하긴 했죠. 근데 한 번 생각해봐요. 한 밤 중에 타이어에 펑크 나면, 누구랑 있겠어요? 당신 친구일걸요. 칼싸움이 벌어져도 해결할 수 있을 거예요. 정말 멋있어요. 여기 한 번 쳐요.

그가 오른손을 든다. 이든이 하이파이브 한다.

이든: 고마워요.

사회자: 멋진 밤이 되길 빌게요.

- **dismissively**
  무시하며, 멸시하며
- **get a flat**
  펑크가 나다

She is the complete package.
'complete package'는 연애 상대로서 바라는 모든 특징을 갖춘 남성 혹은 여성을 의미한다. 좋은 특징을 갖춘 사람이나 물건을 의미하기도 한다.

Zoom In

She is the complete package.

완전 멋진 여자예요.

Ethan strokes his beard. Renee walks up, wiping herself with a towel.

RENEE: (She hugs him.) Hey...

ETHAN: Hi. That was so great.

RENEE: Oh sorry, I got you all wet.

ETHAN: Oh yeah, that's water, right?

RENEE: Yeah, it's just... I think it's water.

ETHAN: I'm sorry it didn't go the way you wanted it to. I mean, it was awesome.

RENEE: Yeah. No, it didn't. It went way better.

ETHAN: (uncomprehending) What?

RENEE: (excited) We each get two free drinks and an appetizer!

ETHAN: (amused) That' s what I was hoping.

RENEE: On the house.

ETHAN: What are the parting gifts? I was looking at the coconut shrimp 'cause I didn't get any hot dog.

RENEE: You snooze, you lose your hot dog.

ETHAN: You're really not upset?

RENEE: No, not really. (conspiratorially) I mean...these things are so like political.

ETHAN: Yeah.

RENEE: I won't get into...all of it. Mostly because I don't have any information but...

ETHAN: (playing along) No, I can see a place this running kinda of a shady...

RENEE: Yeah.

이든이 턱수염을 만진다. 르네가 걸어오면서 수건으로 몸을 닦는다.

르네: (그녀가 이든을 안는다.) 이든…

이든: 어서 와요. 정말 멋졌어요.

르네: 미안해요, 홀딱 젖었어요.

이든: 그러게요. 이거 물 맞죠?

르네: 네, 물일 거예요.

이든: 뜻대로 안 돼서 안타까워요. 진짜 잘했는데.

르네: 네. 뜻대론 안 됐지만 훨씬 잘 됐어요.

이든: (이해하지 못하고) 뭐가요?

르네: (신나서) 술 두 잔씩이랑 안주도 준 대요.

이든: (좋아하며) 딱 좋네요.

르네: 이 가게에서 준 대요.

이든: 어떤 걸로 준 대요? 코코넛 쉬림프 보고있었는데, 아까 핫도그 뺏겨서 배고팠거든요.

르네: 한 눈 팔면, 못 먹는 거예요.

이든: 진짜 실망 안 했어요?

르네: 아니에요. (은밀하게) 이런 거 다 짜고 하는 걸 텐데요.

이든: 그렇죠.

르네: 깊이 생각 안 할래요. 제대로 아는 것도 아니니까.

이든: (맞장구 치며) 아니에요. 좀 수상하긴 해요.

르네: 그래요.

- go the way
〈일이〉〈사람의〉 생각대로 되다

- snooze
잠깐 자다, 눈을 붙이다

- conspiratorially
음모하여, 공모하여

- play along
동의하는 체하다

It went way better.
'go'는 기본적으로 '가다'라는 뜻이 있지만 이 문장에선 '(일이 진행이 어떻게) 되어 가다'라는 의미를 가진다. 'way'는 '훨씬'이라는 뜻으로 강조를 할 때 쓰인다.

Zoom In

It went way better.
훨씬 잘 됐어요.

RENEE: I feel like I did win. The crowd was going crazy. And you know what, (looking behind her) I know I look good. I don't need some like room of drunk guys to confirm that.

ETHAN: (admiringly) Can I be you when I grow up? You should have won, you were ripped off.

RENEE: Thanks. I think I've earned this, right?

She grabs a bottle of beer from the bar and takes a swig.

ETHAN: Ah that was just sitting there, that's not even mine.

Renee immediately puts the bottle back and spits out the beer.

르네: 전 제가 우승한 거 같아요. 반응이 대박이었잖아요. 그리고, (뒤를 돌아보며) 전 제가 예쁜 거 알아요. 그걸 취한 사람들한테 확인 받을 필요는 없죠.

이든: (감탄하면서) 나도 당신처럼 되고 싶네요. 당신이 우승인데, 뺐긴거죠.

르네: 고마워요. 이거 마실 정도는 되겠죠?

바에서 맥주를 집어 들고 벌컥 들이마신다.

이든: 아, 여기 그냥 있던 거예요, 제 거 아니에요.

르네가 바로 병을 돌려 놓고 맥주를 뱉는다.

- rip something off
  훔치다, 빼앗다
- spit (out)
  (입에 든 음식 등을) 뱉다

You should have won, you were ripped off.
'should have p.p'는 과거에 일어났어야 하지만 일어나지 않은 일에 대한 후회나 아쉬움을 표현할 때 쓰인다.

Zoom In

You should have won, you were ripped off.

당신이 우승인데, 뺐긴거죠.

Chapter 6

깊어지다

Getting Serious

시간 00:53:44~01:03:59

Renee is at work. She's eating lunch by herself at the staff restaurant, putting a forkful of lasagna into her mouth when Avery walks up.

AVERY: Renee. I thought I smelled animal products. Can I ask you something? Just because you seem to have such great insight about our Diffusion Line earlier.

RENEE: (flattered) Yeah, of course. I'm... I'm here to help.

AVERY: (slowly rising to stand while looking directly into Renee's eyes.) My Grandma is coming to review everything for the big pitch to Target people in Boston. and I just really want to make sure I get everything right.

Moving two steps closer to Renee and leaning back on the table with her hands on the table behind her supporting herself, Avery keeps her gaze directed straight to Renee.

RENEE: (taken aback by Avery's intensity) That's super, yeah. Oh...

르네가 근무 중이다. 직원 식당에서 혼자 점심을 먹고 있다. 포크로 라자냐를 떠서 입으로 가져가는 데 에이버리가 다가온다.

에이버리: 르네. 고기 냄새가 난다 했어. 뭐 좀 물어봐도 돼? 저번에 보급형 라인에 준 의견이 아주 좋았거든.

르네: (기꺼이 고무되어) 네, 물론이죠. 그러려고 있는 걸요.

에이버리: (천천히 일어나 르네의 눈을 똑바로 쳐다보면서) 할머니가 오셔서 보스턴 지역의 할인점 고객들을 위한 대대적인 프로모션에 관한 걸 전부 점검하신대. 내가 정말 모든 걸 제대로 준비했는지 꼭 확인하고 싶어.

르네에게 두 걸음 더 가까이 다가가서 손으로 테이블을 짚고 몸을 받치며 뒤돌아 기댄다. 시선을 계속 르네에게 고정한다.

르네: (적극적인 에이버리의 모습에 당황하면서) 그렇군요, 네. 정말 대단하네요…

- **insight**
  통찰력, 이해, 간파
- **flattered**
  아첨하다, 우쭐하다
- **pitch**
  (물건을 팔거나 사람을 설득하기 위해 하는) 권유, 홍보
  the things that you say to persuade someone to buy something or to support you
- **taken aback**
  깜짝 놀란

AVERY: (suddenly moving to sit on the table right next to Renee) So I had this great idea. (speaking rapidly without pausing as if nervous) You know how at our traditional outlets like Bergdorfs or Bloomingdale we have a dedicated makeup counter with a specialist to help teach about the products and how to apply them. I thought what if, even at Target, during our peak hours we offer the same thing to our Diffusion Line customers.

RENEE: (unsure) Yeah.

AVERY: (eyes wide) Oh shit, you hate it.

RENEE: (grimacing) No, I don't hate it.

AVERY: (upset) No if you think it's a shitty idea, please tell me, because I am really freaking out about this whole thing.

RENEE: (calmly, authoritatively) From what I can gather, just, you know, from my friends. Those professionals at the makeup counter are actually a deterrent. There's these like beautiful statuesque women just staring at you, with your pimples and your asymmetrical face and they just make you feel bad about yourself. I mean it makes them feel bad about themselves. (Avery closes her eyes and nods in understanding, looking pained.) That's why these regular girls flock to the anonymous aisles of a big super store. So they can just go in and buy their make up without somebody standing there, making them, just feel like they're not good enough. Like it's a waste of time to even try.

에이버리: (갑자기 르네 바로 옆으로 가 테이블에 앉는다.) 내 생각은 이래. (긴장한 것처럼 쉬지 않고 빠르게 말한다.) 원래 우리 제품 판매하는 명품 매장에선 메이크업 전문가들이 화장품도 설명해주고 화장하는 방법도 알려주잖아. 할인점에서도 피크타임 때 그런 서비스를 하는 게 어떨까?

르네: (떨떠름하게) 네. 어쩌면.

에이버리: (눈이 휘둥그레지며) 젠장, 별로구나.

르네: (얼굴을 찌푸리며) 아뇨, 그런 건 아니에요.

에이버리: (속상해서) 아니야, 별로라고 생각하면 알려줘. 정말 걱정돼 죽겠단 말이야.

르네: (침착하고 단호하게) 제 친구들이 그러는데, 화장품 매장에 메이크업 전문가가 있으면 들어가기 좀 그렇대요. 인형 같이 예쁜 여자들이 쳐다보는데, 여드름투성이에 얼굴도 비대칭이면, 스스로 더 초라하게 느끼게 되죠. 제 말은, 제 친구들이 그렇다고요.(에이버리가 눈을 감고 이해했다는 듯 고개를 끄덕인다. 고민스러운 것처럼 보인다.) 그래서 평범한 여자들이 직원이 없는 대형 할인점에 가는 거예요. 마음대로 들어가서 열등감을 느끼게 하는 사람 없이 마음에 드는 화장품을 사는 거죠. 화장을 한다는 그 자체가 쓸데없는 시간낭비 같은 느낌이거든요.

- dedicated
  특정한 작업용으로 만들어진, ~전용의
- shitty
  개 같은, 형편없는
- freak out
  자제력을 잃다, 지치게 하다
- authoritatively
  위압적으로, 명령적으로
- deterrent
  제지하는 것
  something that makes people decide not to do something by making them realize that something unpleasant could happen to them
- statuesque
  조각상 같은
- asymmetrical
  비대칭의
- anonymous
  익명의

I am really freaking out about this whole thing.
'freak out'은 '자제력을 잃다'라는 뜻으로 놀랐거나 화났거나 당황하여 어쩔 줄 모를 때 사용하는 표현이다.

Zoom In

I am really freaking out about this whole thing.

정말 걱정돼 죽겠어.

AVERY: (With her hands clasped together, she hits herself on her forehead.) I'm just a stupid idiot, dumb bitch.

RENEE: (shocked) Oh my god. You? No you're not. (Avery grabs a piece of food from Renee's plate, puts it in her mouth and chews frantically, looking away.) You're like amazing. You're everything I could ever want to be.

AVERY: It's this voice. (Her voice cracks.)

RENEE: (compassionately) Your voice? You... Something wrong with your voice? I haven't noticed anything. It's a little high pitched...

AVERY: (distraught) I sound like a freaking moron.

RENEE: (shaking her head) No.

AVERY: But I'm not... I've got a JD/MBA from Wharton. I clerked for a Supreme Court Justice. But it's this voice, I can't kick it. I've tried everything. Vocal coaches...That's it actually, just vocal coaches but still...(Renee nods.) nothing. That's why I feel...really lucky to have someone like you here, Renee.

RENEE: (not sure that she's hearing correctly) Someone like me?

AVERY: Someone who knows the clientele that we're going after. Someone who can speak to that world.

RENEE: (nodding, smiling) Yeah.

AVERY: (leaning forward to grasp Renee's arm) There's a dinner coming up. I'd love for you to come.

RENEE: A dinner? Oh my gosh.

에이버리: (양손을 움켜쥔 채, 자기 이마를 때린다.) 난 진짜 멍청한 바보천치야.

르네: (놀라서) 세상에, 대표님이요? 그렇지 않아요. (에이버리가 르네의 접시에서 음식을 집어 입에 넣고 딴 데를 보면서 와그작와그작 씹는다.) 대표님이 얼마나 멋지신대요. 제 워너비예요.

에이버리: 목소리가 이렇게 이상한데? (목소리가 갈라진다.)

르네: (연민의 감정으로) 대표님 목소리가요? 목소리가 이상하다고요? 전혀 그렇지 않은데요. 약간 음색이 높을 뿐인거죠.

에이버리: (마음이 심란하여) 끔찍한 바보 얼간이 같은 목소리야.

르네: (고개를 가로저으면서) 절대 그렇지 않아요.

에이버리: 아니긴… 난 와튼에서 법학 박사랑 경영학 석사도 받았어. 대법관 한 분의 사무관도 했는데, 이 망할놈의 목소리는 어떻게 할 도리가 없더라고. 목소리를 고치려고 안 해본 게 없어. 보컬 코칭도 받고.. 사실 보컬코칭만 하긴 했지만, 아무 소용 없더라. (르네가 가볍게 고개를 끄덕인다.) 그래도 르네 자기 같은 사람이 있어서 다행이야.

르네: (제대로 들었는지 믿지 못하겠다는 듯) 저처럼 별 볼 일 없는 사람이요?

에이버리: 우리가 얻으려는 고객층을 잘 알고 그 사람들과 진정한 소통을 할 수 있는 사람.

르네: (고개를 끄덕이고 웃으면서) 네.

에이버리: (몸을 앞으로 기울이며 르네의 팔을 잡는다.) 얼마 후에 저녁이 있어. 자기가 꼭 와주면 좋겠어.

르네: 저녁이요? 세상에.

- compassionately
  정답게, 불쌍해하며
- distraught
  완전히 제정신이 아닌
- clientele
  모든 의뢰인들

That's why I feel really lucky to have someone like you here.
'That's why'는 '~한 이유이다'라는 의미를 가져 앞에 나온 문장의 결과를 말할 때 사용한다. 이 문장에서 'to have someone like you here'은 앞에 나온 감정의 원인을 나타낸다.

Zoom In

That's why I feel really lucky to have someone like you here.

자기 같은 사람이 있어서 다행이야.

AVERY: You can bring your boyfriend or your girlfriend or however they identify. Just if you have one.

RENEE: No... (standing up, gently removing her hand) I... I guess I actually I do have somebody that I could invite right now. Yeah. And he identifies as a guy. I mean, there are some very feminine aspects to him but it's part of his charm. You'll see.

AVERY: Okay good.

She leans over to take some napkins from the table then runs off, her heels clattering loudly on the floor. Other people all look up as she runs out of the room.

Renee is outside, standing on the sidewalk checking her phone, wearing a light blue sleeveless blouse with floral stripe pattern and frills at the shoulders, a wide sky-blue bag strap is diagonally across her body, her hair in a loose pony tail hangs over her right shoulder. Behind her, Ethan emerges from a building with a sign that says Zumba and starts walking towards Renee, dressed casually in jeans, polo top and sneakers.

ETHAN: (walking up to Renee) Hey.

RENEE: (turning to greet him) Hi.

ETHAN: (with arms held open beside him, palms front) Ready to get some dinner?

RENEE: Yeah, I'm starving.

ETHAN: (He keeps walking past her.) Alright, let's go it.

RENEE: Yeah. Okay.

ETHAN: Pretty hungry myself.

RENEE: Where you coming from?

ETHAN: (He points back, slowing down) Oh I was just down the street. Nowhere, hanging out.

RENEE: You're sweaty.

에이버리: 남자친구나 여자친구를 데려와도 돼. 성 정체성이 어떻든 괜찮아. 만약 데려올 친구가 있으면 말이야.

르네: 저… (일어서서 조심스럽게 그녀의 손을 빼내며) 초대하고 싶은 사람이 있긴 해요. 그리고 남자예요. 솔직히, 좀 여성스럽긴 하지만, 그게 매력이에요. 보면 아실 거예요.

에이버리: 그래, 좋아.

몸을 숙여 테이블에 있는 냅킨을 집고 달려 나간다. 하이힐이 바닥에 부딪혀 또각또각 거린다. 다른 사람들이 모두 고개를 들어 에이버리가 뛰어 나가는 걸 본다.

르네가 밖에서 핸드폰을 확인하면서 도보에 서 있다. 꽃이 그려진 줄무늬 모양의 옅은 파란색 민소매 블라우스를 입었다. 어깨 부분에 주름 장식이 있다. 널찍한 하늘색 가방 줄이 몸에 사선으로 매어져 있다. 느슨하게 하나로 묶은 머리는 오른쪽 어깨 위로 늘어뜨렸다. 그녀의 뒤에서, 이든이 줌바라는 간판이 있는 빌딩에서 나와 르네에게 걸어온다. 편안하게 청바지와 폴로 티셔츠를 입고 스니커즈를 신었다.

이든: (르네에게 걸어오면서) 안녕.

르네: (돌아서 인사하면서) 왔어요.

이든: (손바닥을 편 채로 팔을 옆으로 살짝 벌리면서) 저녁 먹으러 갈까요?

르네: 좋아요, 배고파 죽겠어요.

이든: (르네를 지나쳐 계속 걷는다.) 그래요, 가요.

르네: 그래요.

이든: 저도 엄청 배고파요.

르네: 어디서 오는 거예요?

이든: (뒤를 가리키며 천천히 걷는다.) 저 아래에서 그냥 돌아다니고 있었어요.

르네: 땀 나는데요.

- feminine
  여성스러운, 여자 같은
- charm
  매력
- frill
  주름 장식
- diagonally
  대각선으로, 비스듬하게

However they identify.
'however' 뒤에 문장이 이어지면 '어떻든지 간에' 라고 해석하며, 단독으로 쓰일 땐 '하지만' 이라고 해석한다.

Zoom In

However they identify.

(성)정체성이 어떻든 괜찮아.

ETHAN: Oh I was working out. But I showered.

RENEE: Okay.

ETHAN: Yeah.

RENEE: (suspecting he's being evasive) Were you at Zumba?

ETHAN: (feigning ignorance) Zumba? Is that what it's called? I don't... I never pay attention.

RENEE: Yeah. Yeah, it's called Zumba. It's pretty, like a female workout. That's like a girl's...

ETHAN: Is it?

RENEE: Yes!

ETHAN: (embarrassed, shrugging) I don't... It's a workout. I don't go to gyms...

RENEE: (looking at her phone) Oh God...

ETHAN: ...'cause I don't like all the machismo, so I go where the Ladies go.

RENEE: (Stopping, she puts her phone in her bag and looks straight at him.) Oh I get it.

ETHAN: Not a big deal.

ETHAN: Get what?

RENEE: You're that guy...go to the gym to pick up chicks guy.

ETHAN: I am a hundred percent not the go to the gym to meet chicks guy.

RENEE: (dubious) Really? Zumba?

이든: 아, 운동했어요. 샤워했는데.
르네: 그랬구나.
이든: 네.
르네: (얼버무리는 게 수상쩍어서) 줌바하던 데 있었던 거예요?
이든: (모르는 척) 줌바? 저걸 줌바라고 해요? 신경 쓰질 않아서.
르네: 네, 줌바라고 해요. 엄청 여성스러운 운동인데. 여자들이나 하는…
이든: 그래요?
르네: 네!
이든: (당황해서 어깨를 으쓱하면서) 몰랐어요. 그냥 운동이잖아요. 헬스장은 안 가거든요.
르네: (핸드폰을 보면서) 맙소사…
이든: 우락부락한 남자들 싫어해서, 여자들 가는 데로 다녀요.
르네: (멈춰서서 가방에 핸드폰을 집어넣고 이든을 똑바로 쳐다본다.) 아, 알겠네요.
이든: 별 거 아니잖아요.
이든: 뭘 알았다는 거예요?
르네: 여자 꼬시려고 운동 다니는 남자셨네.
이든: 절대 그런 사람 아니거든요.
르네: (의심스럽다는 듯) 그래요? 줌바를 다니는데?

- evasive
  얼버무리는
  =ambiguous, unclear, vague
- feign
  가장하다, ~인 척하다
- machismo
  남자다움의 과시
- chick
  영계

You're that guy, go to the gym to pick up chicks guy.
이 문장에서 'go to the gym to pick up chicks guy'는 '여자 꼬시려고 운동 다니는 남자'라는 하나의 단어로 해석된다.
• pick up (성적인 대상으로) ~를 꼬시다, 낚다
• chick 영계, 여자

Zoom In

You're that guy, go to the gym to pick up chicks guy.

여자 꼬시려고 운동 다니는 남자셨네.

ETHAN: No. I am the guy who... (shrugging) ...sits next to you for like four years in high school and wants to ask you out, but I chicken out like I always do and then I get online and monitor your status for ten years hoping that you'll be single at the reunion but if you're not, you're married, that's great, I don't care.

RENEE: You're happy for her?

ETHAN: I'm happy for her. That's not real by the way, by the way that's not real. That's me painting a picture.

He holds his arms and hands out, palms up. Renee is looking down and moving slightly away from him.

RENEE: That sounded pretty real.

ETHAN: I mean...

RENEE: Let's go to dinner.

She reaches back, grabs his arm and pulls him. Ethan is walking behind Renee, her arm reaching back.

ETHAN: When I started to say it, I regretted it.

RENEE: What was... what was the picture's name?

ETHAN: Rachel.

They are in a park sitting on the grass on a picnic blanket. There's a bottle of wine, paper bags, picnic food on the blanket. Other people are also sitting on blankets or in foldable camping chairs with coolers and food, facing a big screen. A group of people are exercising in the background behind the screen. Ethan is leaning back on his hands on the blanket, Renee is sitting up facing him.

이든: 아니라니까요. 전 어떤 편이냐면… (어깨를 들썩이며) …고등학교 4년 내내 옆자리에 앉아서 고백하고 싶어도, 언제나처럼 용기가 없어서 10년 동안이나 인터넷에서 근황이나 훔쳐보는 남자예요. 그러면서 동창회에 싱글로 나타나길 바라는거죠. 근데 결혼 했으면 잘됐다고 생각하고는 더는 신경 쓰지 않지요.

르네: 잘 살아서 좋아요?

이든: 그럼요. 근데 그렇다는 거지 실화는 아니에요. 그냥 저라는 사람을 얘기한 거예요.

팔을 뻗어 손바닥을 위로해서 내민다. 아래로 시선을 내리며 이든에게서 약간 멀어지며.

르네: 완전 실화같은데요

이든: 아니…

르네: 저녁이나 먹으러 가요.

그녀는 뒤로 손을 뻗어 이든의 팔을 잡아 당긴다. 이든은 르네의 뒤에서 걷는다. 르네의 팔은 뒤로 뻗어져 있다

이든: 말 꺼내자마자 후회했어요.

르네: 말해봐요. 그 여자 이름이 뭔데요?

이든: 레이첼이요.

르네와 이든이 공원에서 잔디 위에 돗자리를 깔고 앉아있다. 돗자리 위엔 와인병과 종이가방, 음식이 있다. 다른 사람들도 아이스 박스와 음식을 가지고 돗자리나 접이식 캠핑 의자에 앉아서 큰 스크린을 보고 있다. 한 무리의 사람들이 스크린 뒤에서 운동을 하고 있다. 이든은 돗자리에 손을 짚고 뒤로 기대 있다. 르네는 그를 마주하고 앉아 있다.

- **status**
  근황, 상태
  on a social media website, especially Facebook™, a piece of information that you publish about yourself telling people what you are doing, thinking, etc. at a particular time
- **reunion**
  동창회
- **strap**
  끈, 줄, 띠
- **foldable**
  접을 수 있는
- **cooler**
  냉장박스

When I started to say it, I regretted it.
'when'은 어떤 한 시점을 의미하기 때문에 이 문장에선 '말을 시작한 그 순간'을 나타낸다.

Zoom In

When I started to say it, I regretted it.

말 꺼내자마자 후회했어요.

ETHAN: Yeah. You can have one grape.

RENEE: Where have you met the girls you've mostly dated. You know?

ETHAN: Ah, well honestly I don't date that much.

RENEE: Well that's really weird. Cause neither do I.

ETHAN: What?

RENEE: No, I really don't. I know it seems like I...

ETHAN: You're saying it 'cause I said it.

RENEE: (leaning in) No, it seems like I have all this experience, I know, and that's kinda like what I put out there, but I... I've dated... (Ethan just looks at her.) I've been in three relationships.

ETHAN: Really?

RENEE: Yeah, and one of them had a girlfriend. I didn't know. I did not know. We were dating for a couple months and then I get a phone call from this girl. Like, this is his girlfriend, I was like...this is his girlfriend.

ETHAN: (serious) Oh my God. I would cry so hard. Did you cry? Don't answer that.

RENEE: Yes, I cried.

ETHAN: Don't answer that. Why did I ask if you cried? That's not what a dude would ask.

RENEE: What about... (pointing to the group of people exercising) Is that... Is that your class over there? Do you want to...?

ETHAN: Okay. I'm strictly indoor Zumba. I would never do outdoor Zumba.

이든: 자, 포도 좀 먹어 봐요.

르네: 데이트 할 때 주로 어디서 만났어요?

이든: 글쎄, 솔직히 데이트를 많이 안해봐서.

르네: 희한하네요. 저도 그렇거든요.

이든: 정말요?

르네: 네, 진짜예요. 물론 안 그래 보이겠지만..

이든: 그냥 맞장구 쳐주는 거잖아요.

르네: (몸을 기울이면서) 아니에요. 많이 사귀어 본 것 처럼 보이는 거 나도 알아요. 딱 봐도 잘 놀게 생겼죠. 근데 어때 (이든은 르네를 바라보고 있다.) 세 명밖에 못 사귀어 봤어요.

이든: 정말요?

르네: 네, 게다가 한 명은 양다리였어요. 전 몰랐죠. 까맣게요. 몇 달을 만났는데 여자친구라면서 전화가 온 거예요. 내가 여자친구였는데.

이든: (심각하게) 세상에. 저 같았으면 펑펑 울었을 거예요. 울었어요? 대답 안해도 돼요.

르네: 네, 울었죠.

이든: 대답 안해도 돼요. 멍청하게 왜 그런걸 물어봤지? 물어보면 안 되는 건데.

르네: 혹시… (운동하는 사람들을 가리키면서) 저기 있는 사람들 같은 반이에요? 가서…

이든: 됐어요. 전 실내에서만 해요. 밖에선 절대 안하죠.

- relationship
  (연인) 관계
- strictly
  엄격히, 철저히

You're saying it 'cause I said it.
= You' re chiming in with me.
= You' re echo my words.

Zoom In

You're saying it 'cause I said it.

그냥 맞장구 쳐주는 거잖아요.

RENEE: What's the move they're doing right now called?

ETHAN: That's called the star hop. It's not a full jump.

RENEE: (laughing) You are... You are quite a man, Ethan.

ETHAN: (laughing) I got to read more Maxim or something.

RENEE: Eww please don't read Maxim. You're perfect.

ETHAN: I'm not perfect. (looking directly at Renee) But I do think that you are.

RENEE: (embarrassed) Whatever, Wheat-thin.

ETHAN: I'm being serious. You're like so...yourself...or something, I don' t know...it's cool.

RENEE: No. (brushing the front of his shoulder) Keep talking.

ETHAN: I think a lot of people are confused about themselves. They like obsess over whatever negative quality they...perceive in themselves and they completely miss the thing...that really makes them awesome. You like know who you are and you don't really care how the world sees you.

RENEE: You're so yourself too. I mean you have no idea...who you are. No, but you're honest about it. And it just makes me feel really, I don't know, close to you.

Ethan leans towards her, their faces are very close.

RENEE: Are you going to kiss me?

ETHAN: I was just gonna get as close as I could...

르네: 지금 저 사람들이 하고 있는 동작은 뭐라고 해요?

이든: 별 따기라고 불러요. 살짝살짝 뛰는거죠.

르네: (웃으면서) 와, 진짜 남자다운 남자 나셨네요, 이든.

이든: (웃으면서) '맥심' 같은 거나 더 봐야겠어요.

르네: 에이, 그런 거 읽지 말아요. 당신은 완벽한 데요.

이든: 안 그래요. (르네를 똑바로 쳐다보면서) 완벽한 건 당신이죠.

르네: (쑥스러운 듯이) 뭐 어쨌든, 이쁜이.

이든: 진담이에요. 딩신은 정말 당신 모습 그대로예요. 뭐랄까… 아무튼 정말 멋있어요.

르네: 그렇지 않아요, (이든의 어깨를 스치듯 만지며) 계속 말해줘요.

이든: 많은 사람들이 자기 자신에 대한 확신이 없어요. 스스로 부정적이라고 생각하는 점에 너무 집착해서 자기의 근사한 점을 다 놓치거든요. 당신은… 당신 자신을 알고 세상의 시선은 신경 쓰지 않아요.

르네: 당신도 당신 모습 그대로다워요. 당신이 얼마나 멋진 사람인지 모르고 있는거죠. 하지만 그것마저도 솔직하게 말하잖아요. 그리고 바로 그런 것 때문에 당신이 정말 가깝게 느껴져요.

이든이 그녀에게 몸을 기울인다. 얼굴이 가까워진다.

르네: 키스하려는 거예요?

이든: 최대한 가까이 가서…

- confused
  혼란한, 헛갈리는
- obsess over
  ~에 대해 강박 관념을 갖다
- negative
  부정적인
- perceive
  인지하다, 인식하다, ~로 생각하다

What's the move they're doing right now called?
'What's the move (they're doing right now) called?'로 구분할 수 있는 이 문장은 괄호 안의 문장이 앞의 단어를 수식하고 있다. 'the move' 대신에 다른 단어를 사용하여 명칭이 궁금한 것을 물어볼 수 있는 표현이다.

Zoom In

What's the move they're doing right now called?

지금 저 사람들이 하고 있는 동작은 뭐라고 해요?

RENEE: Unhuh...

ETHAN: ...to tell you...

RENEE: Yeah?

ETHAN: That I...

RENEE: You have a girlfriend?

ETHAN: That I would love to kiss you.

RENEE'S APARTMENT.

Ethan takes a photograph that is fixed onto the refrigerator and peruses it. It's the photo Renee took with Jane and Vivian earlier, folded in half. He looks at the half with Jane and Vivian.

RENEE: (calling from another room) Just give me one minute.

ETHAN: Yeah, no worries.

He unfolds the other half of the photo and looks at the image of Renee smiling broadly with her two friends.

ETHAN: Take your time.

RENEE: (Renee's blurred figure appears behind him in the doorway.) Hey.

ETHAN: Hey. (He turns to face her.) Hey... Wow.

RENEE: (Leaning on one arm against the wall, Renee is naked.) I thought you might want a sneak peek of what's to come.

ETHAN: I don't know if you know what sneak peek means. You're completely naked.

RENEE: (feigning surprise) Oh, how embarrassing. (turning slightly as if to go) Do you want me to go cover up?

ETHAN: (abruptly) No.

RENEE: (demurely, while playing with her hair) No?

ETHAN: (shrugging) No.

르네: 그리고요.

이든: …말할 거예요…

르네: 뭘요?

이든: 내가..

르네: 여자친구 있다고요?

이든: 키스하고 싶다고요.

르네의 아파트.
이든이 냉장고에 붙어 있는 사진을 떼어 찬찬히 살펴본다. 예전에 르네가 제인과 비비안과 함께 찍은 사진이 반 접혀 있다. 제인과 비비안이 있는 반 쪽을 보고 있다.

르네: (다른 방에서 큰 소리로 말하며) 금방 나갈게요.

이든: 네, 괜찮아요.

사진의 다른 반 쪽을 펼쳐 두 친구와 함께 활짝 웃고 있는 르네의 모습을 본다.

이든: 천천히 해요.

르네: (르네의 흐릿한 모습이 이든 뒤에 있는 문가에서 나타난다.) 나 왔어요.

이든: 그래요. (돌아서 르네를 본다.) 와우, 세상에나.

르네: (다 벗은 채 벽에 한 쪽 팔을 기대고있다.) 맛보기가 필요할 거 같아서요.

이든: 맛보기가 뭔지 모르는 거 같은데요. 완전 다 벗었잖아요.

르네: (놀란 척) 오, 부끄러워라. (갈 것처럼 살짝 돌아서며) 뭐 걸칠까요?

이든: (재빠르게) 아니요.

르네: (머리를 만지작거리며 얌전빼듯이) 걸치지 말라고요?

이든: (어깨를 으쓱이며) 그냥 있어요.

- **peruse**
  정독하다, 숙독하다
- **demurely**
  점잖게, 얌전한 체하며

Take your time.
이 문장은 '서두르지 말고 천천히 해'라는 뜻과 '늑장을 부리다'라는 뜻을 둘 다 가지고 있어 맥락에 맞춰 해석하면 된다.
= Don't have to rush.

Zoom In

Take your time.
천천히 해요.

RENEE: (smiling) Cool.

She flicks her hair behind her back with both arms, turns and walks slowly towards the bedroom.

ETHAN: (to himself) Okay.

He scratches the back of his neck, nervously looking down at the photo in his hand.

RENEE: (invitingly) Ethan, are you coming?

ETHAN: Yup.

He puts the photo on the table and starts moving to the bedroom.

RENEE: Hi. Thanks for coming over.

Renee is lying seductively on the bed, leaning with her head in her hand. Ethan leans over and pulls the cord on the lamp, turning it off. Then he starts taking off his jeans. Renee turns the lamp back on again. Ethan advances towards Renee and starts kissing her. As he does so, he reaches out and turns the lamp off again.

RENEE: Um...

ETHAN: What?

RENEE: (Renee reaches out from under Ethan and turns the lamp back on.) Yeah, I want you to see me. You know?

ETHAN: (quietly, intimately) Oh yeah, no a hundred percent. I'm definitely loving seeing you. I just didn't know if you wanted to see me.

RENEE: No, I want to see you. (She sits up.) Yeah. (Renee's face looks ecstatic as she moves up and down, playing with her hair.) Oh my God. Oh my God! Oh...

르네: (미소 지으며) 좋아요.

두 손으로 머리를 뒤로 획 넘기며 돌아서서 침실로 천천히 걸어 간다.

이든: (혼잣말로) 이제 어쩐다.

뒷목을 긁고 초조하다는 듯이 손에 든 사진을 내려다본다.

르네: (유혹하듯이) 이든, 기다리고 있어요.

이든: 지금 들어가요.

사진을 테이블에 놓고 침실로 가기 시작한다.

르네: 이든. 와 줘서 고마워요.

르네는 유혹하듯이 손에 머리를 받치고 침대에 누워있다. 이든은 몸을 숙이고 램프의 코드를 당겨 불을 끈다. 그리고 나서 청바지를 벗기 시작한다. 르네가 램프를 다시 켠다. 이든이 르네에게 다가가서 키스를 한다. 그러면서 손을 뻗어 램프를 다시 끈다.

르네: 불 끄면 싫어요.

이든: 왜요?

르네: (르네가 이든 아래에서 손을 뻗어 램프의 불을 다시 켠다.) 날 봐줬으면 해요.

이든: (조용히 내밀하게) 그럼요, 나야 100퍼센트 보고싶죠. 다만 당신이 날 보기 싫어할까 봐 그래요.

르네: 아니에요, 보고싶어요. (르네가 상위 자세를 한다.) 좋아. (머리를 만지작거리며 몸을 위 아래로 움직이는 르네의 얼굴은 무아지경처럼 보인다.) 어머 세상에, 아, 좋아요, 어머…

- **invitingly**
  매력적으로
  =nicely, charmingly
- **seductively**
  매혹적으로, 매력적으로
- **advance**
  다가가다, 진격하다
- **intimately**
  친밀히
- **ecstatic**
  황홀해 하는, 열광하는

I'm definitely loving seeing you.
'love'는 원래 진행형으로 쓰면 틀린 문법이지만 맥도날드의 'I'm loving it'이라는 광고로 인해 점점 상용화되었다. 진행형으로 쓰일 때 더 적극적인 느낌을 준다.

Zoom In

I'm definitely loving seeing you.
나야 완전 보고싶죠.

Her face appears in a small round mirror. She's looking at herself as they make love.

ETHAN: Are you looking in the mirror?

RENEE: Yeah. Yeah.

ETHAN: That is so hot. It felt good the whole time.

RENEE: The whole time?

ETHAN: The whole time.

RENEE: That was my favorite part.

ETHAN: ...just perfect.

RENEE: I liked the whole time.

ETHAN: Yeah, and you were such a great leader. You really took over.

RENEE: Thank you, and you follow the leader well.

ETHAN: I was willing to do...

RENEE: Wait, shh... (She puts her hand over his mouth.) do you hear that?

ETHAN: What is it?

RENEE: Is that the Ice Cream Man? I think that's the Ice Cream Man.

She throws off the covers and gets out of the bed. Ethan pulls the blanket higher to cover himself and looks concerned as Renee stands up right in front of the window.

RENEE: Oh no, it's just an ambulance.

ETHAN: Renee. You're just naked at the window. Everybody down there can see you.

둥그런 작은 거울로 얼굴이 보인다. 섹스를 하면서 거울을 보고 있다.

이든: 거울 보는 거예요?

르네: 네. 거울 보면서 하고 있어요.

이든: 정말 흥분되네요. 하는 내내 좋았어요.

르네: 전부요?

이든: 전부 다요.

르네: 당신이 만족했다니까 나도 더 좋네요.

이든: 정말 완벽했어요.

르네: 저도 모든 순간이 좋았어요.

이든: 네, 당신이 리드를 잘해서 진짜 좋았어요. 정말 내단했어요.

르네: 고마워요, 당신도 아주 잘 따라오던데요.

이든: 당신을 위해서라면 뭐라도..

르네: 잠깐, 조용히.. (손으로 이든의 입을 막는다.) 저 소리 들려요?

이든: 무슨 소리요?

르네: 아이스크림 트럭인가? 아이스크림 트럭 같아요.

이불을 걷으면서 침대에서 나온다. 이든이 이불을 더 끌어올려 몸을 가리며 르네가 창가에 바짝 다가서자 걱정스럽다는 듯 쳐다본다.

르네: 아니네, 앰뷸런스였구나.

이든: 르네. 다 벗고 있잖아요. 아래서 다 보여요.

- blanket
  담요, 이불
- ambulance
  구급차

You really took over.
'take over'은 '인수받다, 장악하다'라는 의미로 완전히 상황을 통제하는 것을 의미한다. 이 장면에서는 섹스를 하는 동안 Renee가 완벽히 상황을 리드했다고 해석할 수 있다.

Zoom In

You really took over.

정말 대단했어요.

RENEE: Well they're welcome. (She wiggles her body seductively while looking down out the window.) It's a good neighborhood.

ETHAN: (flabbergasted) How... How do you do that?

RENEE: (Renee comes back to the bed and lies on her stomach. Looking at him) Do what?

ETHAN: I don't know...have all of the confidence?

RENEE: I wasn't always like that.

ETHAN: And what changed?

RENEE: I started to really believe that, if I wanted it bad enough, all my dreams could come true. And they are. You know?

ETHAN: Yeah. (Both their eyes light up.) Okay...

RENEE: That is the ice cream man.

ETHAN: ...ice cream man.

They both start to get out of the bed.

르네:	얼마든지 보라고 해요. (창문 아래를 내려다보면서 유혹하듯이 몸을 씰룩거린다.) 얼마나 좋은 이웃이에요…
이든:	(소스라치며) 아니… 어떻게 그럴 수가 있어요?
르네:	(르네가 다시 침대로 와 엎드린다. 이든을 쳐다보면서) 뭐가요?
이든:	글쎄요… 그렇게 자신만만한거?
르네:	원래 이랬던 건 아니에요.
이든:	어쩌다 변했는데요?
르네:	언제부터가 진짜로 믿기 시작했거든요. 간절히 원하면 꿈이 이루어진다는 걸. 그리고 진짜 꿈이 이루어졌어요.
이든:	그렇군요. (둘의 눈에 반가운 기색이 비친다.) 자, 드디어…
르네:	이번에는 아이스크림 트럭이에요.
이든:	아이스크림 트럭이 왔네요.

둘 다 침대에서 나온다.

- flabbergasted
  크게 놀란
  feeling shocked, usually because of something you were not expecting
- lie on one's stomach
  엎드리다
- bad
  몹시

I wasn't always like that.
빈도부사 'always (usually, often, sometimes, hardly 등)' 의 위치는 일반동사 앞, 조동사와 be동사 뒤이다.

Zoom In

I wasn't always like that.

원래 이랬던 건 아니에요.

Movie Talk

self-centeredness

MC: ...keep it going for Renee Bennett? Renee Bennett.. Whoa, are you here for the Barback job or...? You're in the contest? Okay.

RENEE: (TO MC) I got it. I got it.

MC: You got it? Okay.

RENEE: Hello everyone, I am Renee! As advertised! Renee hails... from the Long Island and she is a receptionist. Hollar! Renee enjoys... watching people trying to cover... up their disappointment from their dreams being shattered on shows such as... Antiques Road show and Shark Tank.

Antiques Road show는 우리나라의 진품 명품과 비슷한 프로그램이다. 미국에서 사람들이 집에 있는 물건들을 가져오면 사람들이 이것을 감정해서 얼마정도의 가치가 있다고 이야기 해주는 프로그램이다. 특히나 미국의 경우 숨어있는 진품들이 꽤나 많은데, 꼭 역사적 가치가 있는 것이 아니더라도, 다양한 취미생활과 연관되어있는 물건들도 많다. 지미 핸드릭스가 처음으로 연주했던 기타라든지, 유명 야구선수의 연습용 배트라든지 이렇게 콜렉터들의 구미를 당길만한 물건들을 많이 보여준다. 특히 미국의 사회에서는 무엇인가 모으거나 개인전시를 하는 데에 가치를 많이 두기 때문에 이런 쇼가 우리나라 진품명품 보다는 인기를 많이 끈다. 비슷한 쇼프로그램은 Toy Hunter와 Storage War가 있는데, 먼저 Toy Hunter는 이미 단종되었거나 구하기 힘든 장난감을 구하기 위해서 미국 전국을 돌아다니며, 장난감을 구한 후 물건을 사서 Comic-con같은 행사에서 팔고 아니면 거래가 안 되어도, 그냥 구경만 하고 가고 하는 프로그램

이다. 이 프로그램을 보면 별것 아닌 어린 시절 장난감들이 얼마나 잘 유지되었는가가 매우 중요한 가치를 갖는다는 것을 알 수 있다. 그렇기 때문에 한정판같은 장난감을 뜯지도 않고 그대로 유지하려고 하는 모습도 많이 볼 수 있다. 또 한 가지는 Storage War라는 프로그램이다. 아무래도 땅이 크고 짐이 많기로 유명한 미국에서 짐을 더 보관하기 위해 창고를 대여 할 수 있다. 그런데 이 창고를 여러 가시 이유로 버리거나 오랜 시긴이 지니면, 옥션에 올려서 사람들에게 살 수 있게 해준다. 물론 뒤져보지는 못하게 하므로 겉에서만 보고 살게 있는지 아닌지를 판가름해야 한다. 운이 좋으면 정말 좋은 물건들이 많이 나오기도 하는 반면에, 운이 나쁘면 아무것도 없고 쓰레기로만 가득한 창고를 발견하기도 한다. 여기서 나온 물건들을 아는 사람을 통해 감정을 받고, 팔기도 하고 이번창고에서 들인 돈과 쓰인 돈에 대해서 보여준다.

다음 프로그램은 Shark Tank이다. Shark Tank은 큰 회사의 CEO들이 나와서 자영업 하는 사람들이 가지고 있는 사업 아이템에 대해서 듣고 투자를 하고 아이템에 대해서 소유권을 정해서 자영업 하는 사람들을 더 키워주는 프로그램이다. 이 CEO중에서 Mark Cuban이 아

무래도 제일 유명한데 NBA Dallas Mavericks의 구단주로도 매우 유명하다. 그의 전투적인 투자는 팀의 상징도 되었고 이러한 모습은 Shark Tank 쇼프로그램에서도 고스란히 나타난다. 이 프로그램에서는 같은 CEO끼리도 경쟁하는 모습도 많이 보이는데, 확실히 보면 아무리 사업 아이템이 좋다 하더라도, 타산이 안 맞으면 바로 거래를 취소하는 모습도 자주 볼 수가 있다. 하지만 계약을 했더라도, 마지막에 프로그램이 끝나고 세부 거래에 맞지 않아서 결국 거래 취소되는 일도 있고는 하지만, 항상 누가 누구와 계약했는가에 따라서 매우 관심을 많이 받는 프로그램으로 남아 있다.

영화에서 르네가 이 쇼들처럼 꿈이 사라진다고 한다. 그 이유는 이 쇼들이 일확천금을 노리는 American Dream에 기반을 두고 제작된 것들인데, 정말 몇 명을 제외하고는 타협을 해야하거나 실망스러운 대답을 많이 얻기도 해서 그런 모습을 두고 꿈이 산산조각 난다라는 뜻으로 사용이 되었다.

AVERY: I've got a JD/MBA from Wharton. I clerked for a Supreme Court Justice. But it's this voice. I can't kick it. I've tried everything. Vocal coaches...

Wharton MBA는 미국 유펜 대학교의 MBA과정이다. 우리나라와 달리 미국의 학교는 입학보다는 졸업이 더 힘들다. 학교마다 다르지만, 학부 수업에 중간고사를 2번 이상 치는 것도 일반적으로 볼 수 있고 학생들이 특정 점수를 받지 못하면 졸업을 못할 수 도 있다. 더군다나 유펜은 미국에서 높은 수준에 들어가는 아이비리그 학교 중 하나이다. 이렇게 좋은 학교를 졸업했다는 것을 보았을 때 에이버리가 얼마나 진지하게 MBA 과정을 지냈는지를 알 수 있다.

또 하나는 Supreme Court Justice이다. 근래 한국에서도 중요해졌지만, 미국에서는 예전부터 경험과 봉사에 대한 중요도를 상당히 높게 평가 하는 편이다. 인턴이나 다른 일이라도 경험을 중요시 여기기 때문에 미국의 중고등학생들 그리고 학부생들은 봉사나 인턴 활동에 대해서 상당히 활발하다. 더군다나 취직을 하고 싶어 하는 학부생들은 관련된 일에 열심히 인턴자리나 봉사 자리를 알아보고는 한다. 극중 에이버리의 경우 진지하게 받아들이기 위해서 대법관에 가서 열심히 인턴으로 일한 것으로 보인다. 목소리가 어떠하든 에이버리는 본인이 열심히 살아왔다는 것을 이 두 단어에서 알아 볼 수 있는 장면이다.

RENEE: Were you at Zumba?
ETHAN: Zumba? Is that what it's called? I don't... I never pay attention.

Zumba는 상대적으로 남성보다는 여성들이 많이 하는 운동이다. 그래서 르네가 이튼에게 줌바를 한 것이냐고 살짝 놀리듯이 물어본 것이다. 미국에서는 남자의 운동이라고 하면, 헬스장 운동이나 크로스 피트같은 것을 대체적으로 하고 여성들은 일반적으로 요가나 줌바 같은 것을 한다. 물론 남자가 줌바를 하면 안되거나 그런 것은 아니지만, 자주하는 운동은 아니라고 볼 수 있다. 이튼은 이미 전에도 언급한 바가 있듯이 마른 남자로 분류되어 동료들에게 Wheaton이라는 별명까지 받았는데 줌바까지 한다니 전형적인 미국인 남자치고 여성스러움이 묻어난다고 보면 된다.

RENEE: Is that the Ice Cream Man? I think that's the Ice Cream Man. Oh no, it's just an ambulance.
ETHAN: Renee. You're just naked at the window. Everybody down there can see you.
RENEE: Well they're welcome. It's a good neighborhood.

미국은 맨하탄같이 큰 도시가 아닌 이상 집 앞에 편의점에서 아이스크림을 사러 갈 수 있는 곳이 거의 없다. 엄청난 면적의 나라이니 5분 거리에 편의점이나 슈퍼마켓이 있는 국내의 모습과는 많이 다르다. 도시가 아닌 곳에서는 대체적으로 차로 운전해서 몇 십분 떨어진 상점에서 장을 보러 다녀야 하고, 매일 다니기 힘들기 때문에

정기적으로 날을 정하던지 주말을 이용한다. 따라서 어린이들을 위해 아이스크림 차가 특정한 시간대에 다니면서 아이스크림을 판매한다. 과거에는 아이스크림 차가 지나가면 뒤에서 많은 무리의 아이들이 쫓아가는 모습을 많이 목격할 수 있었다. 특히나 아이스크림 트럭은 특유의 멜로디를 틀고 다니기 때문에 집에 있더라도 노래가 들리는 순간 어린이들이 집에서 나오곤 했다. 대략 5불 내외로 정말 다양한 종류의 아이스크림들이 판매되었다. 특히 캐릭터 아이스크림을 판매하는 경우가 많았는데 어린 아이들에게 커다란 인기를 누리고는 했다. 물론 지금까지도 이벤트성으로 간혹 볼 수 있으며, 여전히 아이스크림 트럭이 지나가면 생각보다 많은 사람들이 나와서 사먹고는 한다. 그런데 극중에서는 밤에 밖에서 아이스크림트럭이 다니는 것은 아주 도시라는 것을 뜻하거나 영화 설정상 한번 등장한다고 볼 수 있다. 일반적으로는 어린이들이 주 고객층이기 때문에 오전, 오후에만 찾아 볼 수 있다.

Chapter 7

파티 걸

Party Girl

시간 01:04:00~01:11:49

AT THE RESTAURANT RECEPTION DESK.

The hostess, in an elegant off the shoulder black dress with pearl necklace–two short and one long strand–scans her iPad to check reservations. Renee is in a pink one-piece with a V-neck tied with a thin white belt, Ethan has a plain light-grey shirt with blue trim and a grey jacket. Renee looks thrilled, Ethan apprehensive.

HOSTESS: (to Renee) Alright, follow me right this way. Your guests are in the private dining room.

Smiling, hands clasped, the hostess leads them into the room. Renee and Ethan walk behind her.

ETHAN: Private dining room?

RENEE: It must be a company-wide thing, or I wouldn't have been invited.

Both look left at the diners as they walk past. Renee is confident, Ethan looks nervous. They walk through the door into the kitchen.

ETHAN: Okay. That's a very small company...

레스토랑 프론트.

검은색의 세련된 오프 더 숄더 드레스를 입고 진주 목걸이를 짧게 두 줄, 길게 한 줄 늘어뜨린 안내원이 예약을 확인하기 위해 아이패드를 훑어본다. 르네는 브이넥으로 파인 분홍색 원피스에 하얀색 얇은 벨트를 메고 있고, 이든은 평범한 옅은 회색의 셔츠를 입고 있는데 끝 부분이 파란색으로 되어있다. 회색 자켓을 걸쳤다. 르네는 신이 난 것 같고 이든은 불편해 보인다.

안내원: (르네에게) 여기 있네요, 이쪽으로 따라오세요. 손님들은 별실에 계세요.

안내원이 웃으면서, 손을 모아 쥐고 방으로 안내한다. 르네와 이든은 뒤에서 따라 간다.

이든: 별실이라는 데요?

르네: 틀림없이 회사 차원의 행사일거예요. 아니면 나를 초대 안했겠죠.

둘 다 지나가면서 왼쪽에 식사중인 사람들을 쳐다본다. 르네는 자신만만하고 이든은 긴장한 것 같다. 문을 지나 부엌으로 걸어간다.

이든: 그렇군요. 엄청 작은 회사인가봐요.

- hostess
  (식당에서 손님을 자리로 안내하는) 여성 안내원
- strand
  가닥, 올, 줄
- trim
  테두리, 장식
- company-wide
  회사 전반에 걸쳐서

They walk past benches where food is laid out waiting to be taken to diners. A waitress leans over the bench on their left. Grant, Avery, and Lily are seated at a private table behind a large glass window separating the room from the kitchen. The hostess stands at the entrance door to the room, her hands clasped in front of her. The others all look at Renee and Ethan. Avery is waving to Renee, and Grant is drinking from wine glass.

Renee and Ethan are now seated at the table. Grant and Avery are sitting across from them, Lily is at the head of the table.

GRANT: (to Ethan and Renee) So how did you two meet?

ETHAN: (looking at Renee, then back at Grant) Ah, we actually met at the dry cleaners.

GRANT: (surprised) Oh.

RENEE: I had vomited sangria like all over a sweater.

ETHAN: (nostalgic) It was pretty romantic.

GRANT: (ironic) Sounds magical.

AVERY: So Renee, I was just...Gram' here about all our great ideas for the Diffusion Line.

RENEE: Cool. Yeah.

AVERY: Great ideas.

RENEE: (looking at Lily, unsure) Yeah, they're so great.

LILY: (nods with arms crossed) Umhmm.

GRANT: (to Avery) Wow, you're really nailing this Avery.

LILY: (to Avery) Avery...relax dear. (to Renee) Renee. Avery obviously wants you here. In order to legitimize her whole plan for the line.

손님에게 나가려는 음식이 놓인 긴 테이블을 옆을 지나간다. 종업원이 왼쪽의 테이블에서 몸을 숙이고 있다. 그랜트, 에이버리, 릴리가 부엌과 별실을 나누는 큰 유리창 뒤에 있는 특실에 앉아 있다. 안내원이 입구에 서서 손을 가지런히 모아 쥔다. 모두 르네와 이든을 쳐다본다. 에이버리는 르네에게 손을 흔들고 그랜트는 와인을 마신다.

이제 르네와 이든도 테이블에 앉았다. 그랜트와 에이버리가 맞은편에 앉아 있고, 릴리는 상석에 앉아있다.

그랜트: (르네와 이든에게) 둘이 어떻게 만났어요?

이든: (르네를 보고 다시 그랜트를 쳐다본다.) 아, 사실 저희는 세탁소에서 만났어요.

그랜트: (뜻밖이라는 듯) 아, 그래요.

르네: (그랜트에게) 상그리아 마시고 스웨터에 몽땅 토했거든요.

이든: (그립다는 듯) 진짜 로맨틱했죠.

그랜트: (말이 안 된다는 듯) 놀랍네요.

에이버리: 르네, 방금 할머니께 보급형 라인에 대한 우리의 멋진 아이디어를 말씀드리고 있었어.

르네: 좋아요. 그렇군요..

에이버리: 우리의 멋진 생각들 말이야.

르네: (릴리를 보면서, 자신 없이) 그럼요, 정말 좋은 아이디어죠.

릴리: (팔짱을 낀 채 고개를 끄덕인다.) 그렇단 말이지.

그랜트: (에이버리에게) 누나가 완전 꽂혔나봐요

릴리: (에이버리에게) 에이버리, 진정해라. (르네에게) 르네양. 보급형 라인에 대한 전체 사업계획의 정당성을 입증하려고 에이버리가 당신을 여기에 부른 거 같군.

- **ironic**
  반어적인, 비꼬는
  interesting, strange, or funny because of being very different from what you would usually expect
- **nail**
  못으로 박다
  to catch someone, especially when they are doing something wrong, or to make it clear that they are guilty; to do something successfully
- **nailing**
  훌륭한, 멋진
- **legitimize**
  정당화하다

You're really nailing this Avery.
'nail'은 잘못하거나 성공적인 일을 했을 때 누군가의 시선이나 마음을 사로잡는 경우에 사용한다.
• nail 못으로 박다

Zoom In

You're really nailing this Avery.

누나가 완전 꽂혔나봐요.

AVERY: (Elbows on the table, her hands overlapped in front of her, eyes looking up at the ceiling.) Gram'.

RENEE: I mean, Avery has been incredible. I still can't believe I even...get to work with her. (to Lily) Oh my God. Is that Hidden Valley?

LILY: Only the best, my dear.

RENEE: Oh my God, that is my absolute favorite.

Ethan looks serious, trying to work out what to do with the napkin he's holding. Grant steals a quick glance at him.

RENEE: In High School I would just eat it by the spoonful. And by spoonful I mean...I would just chug it. (Avery grimaces. Grant watches with interest, smiling.) You know...You know KFC...actually uses HV. But nobody knows, because they put it in their KFC packaging. Do you want me to grab you some the next time I'm in there? A couple of the small packets?

LILY: That's the nicest offer I've had in a long time.

RENEE: (seriously) Well, you know, collecting travel sized condiments is like a very big part of my life.

LILY: (holding up her right hand to indicate the size.) The tiny little ketchup bottles?

RENEE: Or the little Tabascos? They slay me!

AVERY: (with a roll of her eyes, bringing the conversation back to business) As I was saying, Renee...

RENEE: (brought back to focus) Oh yeah.

에이버리: (테이블에 팔꿈치를 올리고, 손을 포개고 있다. 눈을 들어 올려 천장을 쳐다본다.) 할머니.

르네: 대표님은 대단한 사람이에요. 아직도 같이 일한다는 게 꿈만 같아요. (릴리에게) 어머. 그거 '히든 밸리' 예요?

릴리: 이게 최고지. 르네양.

르네: 대박, 제가 제일 좋아하는 거예요.

이든은 굳은 표정으로 들고 있는 냅킨을 펼치려 하고 있다. 그랜트는 그를 힐끗 훔쳐본다.

르네: 고등학교 땐, 마구 스푼으로 퍼먹었어요. 거의 벌컥벌컥 마시는 수준이었죠. (에이버리가 얼굴을 찌푸린다. 그랜트가 재밌다는 듯 웃으며 쳐다본다.) 그거 아세요? KFC도 이걸 써요. 근데 KFC 포장에 넣어서 아무도 모르는 거죠. 다음에 가면 좀 챙겨다 드릴까요? 작은 포장으로 된 거요?

릴리: 오랜만에 고마운 소리를 듣네.

르네: (진지하게) 사실, 여행용 사이즈 소스를 모으는 건 제 인생에서 중요한 거예요.

릴리: (오른손을 들어 사이즈를 재보이면서) 작은 미니 케첩 통 같은 거?

르네: 아니면 타바스코 소스병 같은 거요. 너무 귀여워요!

에이버리: (눈을 굴리며, 다시 사업 얘기를 한다) 아무튼 말씀드렸듯이, 르네는..

르네: (다시 집중하며) 아, 말씀 계속하세요.

- **incredible**
  믿을 수 없는, 믿기 힘든
- **steal a glance (at somebody)**
  (~을) 몰래 훔쳐보다
- **chug**
  (음료를) 단숨에 들이켜다
- **condiment**
  조미료, 양념
- **slay**
  (사람에게) 강한 영향을 주다

Do you want me to grab you some the next time I'm in there?
'the next time'은 명사의 형태로 쓰였지만 접속사의 기능을 하기 때문에 뒤에 문장이 하나 더 나올 수 있다.

Zoom In

Do you want me to grab you some the next time I'm in there?

다음에 가면 좀 챙겨다 드릴까요?

AVERY: has been instrumental in helping refine our message. (Renee and Ethan exchange glances.)

LILY: And just what is that message?

RENEE: Oh, just that I think, most luxury brands get it so wrong when they try to make a Diffusion Line. They treat it more aspirational. When it really needs to be...

LILY: Functional.

RENEE: (shrugging in agreement) And practical and real. I mean, these women they know who they are and they just... and they're proud to be bargain hunters.

LILY: Avery's life experience may not allow her to connect with that customer. Please tell me you're going to be in Boston with us.

AVERY: (slightly alarmed, looking up) Yes, of course. She is.

RENEE: Of course I am?

AVERY: Yes, of course. Remember?

RENEE: You never mentioned that to me.

AVERY: (her finger tips are touching, making a kind of flat surface at face level in front of herself) We definitely had this conversation about you...

RENEE: Avery, we definitely didn't... I would remember ... that would be like a very big deal to me.

AVERY: Don't you remember? (winking her left eye with an exaggerated gesture)

RENEE: I would have called you, I would have...called like everybody.

에이버리: 저희 메시지를 다듬는 데 큰 도움을 주고 있어요. (르네와 이든이 시선을 주고받는다.)

릴리: 그게 대체 어떤 메시지지?

르네: 음, 제 생각엔, 고급 브랜드들은 보급형 라인을 만들 때 잘못 접근하는 거 같아요. 과시적으로 만들려고 하는데, 진짜 필요한 건..

릴리: 기능성이지.

르네: (동의한다는 듯 어깨를 으쓱하며) 실용성이랑 현실성도요. 이 고객층은 자신을 잘 알아요 그리고 현명하게 가성비 좋은 제품을 사려고 하죠.

릴리: 에이버리는 부유하게 자라서 그런지 그런 고객층을 이해하기 어려워. 그래서 보스턴에 우리랑 함께 가줬으면 하는데.

에이버리: (약간 놀란 얼굴로 올려다 보며) 물론이죠, 당연히 우리와 함께 갈 거예요.

르네: 저도 간다구요?

에이버리: 물론, 그러기로 했잖아. 기억 안 나?

르네: 말하신 적 없잖아요.

에이버리: (손가락 끝을 마주 대고 얼굴 앞에 수평으로 만들고는) 전에 분명히 같이 얘기했었어.

르네: 대표님, 그런 적 없어요. 그랬으면 제가 기억했죠. 이렇게 큰 일인데.

에이버리: 기억 안난다고? (과장되게 왼쪽 눈을 깜빡이면서)

르네: 그랬으면 이든한테도 말하고, 사방에 소문냈을걸요.

- **instrumental**
  중요한
  =influential, helpful, contributory
- **aspirational**
  출세 지향적인
  showing that you want to have more money and a higher social position than you now have
- **bargain hunter**
  싸고 질 좋은 물건을 찾아다니는 사람
- **wink**
  윙크하다, 깜박거리다
- **exaggerate**
  과장하다

Please tell me you're going to be in Boston with us.
'please tell me'는 말하는 사람의 태도[입장]을 담고 있는 표현으로 정중하게 부탁하는 상황일 때 쓰인다.
• be going to ~할 예정이다

Zoom In

Please tell me you're going to be in Boston with us.

보스턴에 우리랑 함께 가줬으면 하는데.

RENEE: (touching her own eye) Is your eye okay?

GRANT: (interrupting) Oh my God, would you please just agree to go. Before her fake eyelashes come flying off her bulging eyes.

Ethan looks down, smirking.

RENEE: (whispering to Ethan) Stop that.

LILY: (imploringly) Would you come with us to Boston? For the Target pitch?

RENEE: Oh hell yeah, Grandma. (She starts bouncing up and down in her chair.) I will be in Boston! Of course I'll go! Does the Pope shit in Boston? I'm going.

INSIDE THE CHINA PEARL RESTAURANT.

Renee, Vivian, and Jane are running up a curved staircase to enter the restaurant. Renee is in front, wearing a red halter-neck dress with plunging neckline, Vivian, behind her is in a navy blouse with striped cardigan, Jane is wearing a sensible brown and blue patterned one piece. Their styles contrast. Renee as the sexy fun girl, the other two more homely and down-to-earth types.

RENEE: (excited) (to all) This is where my work friends said they'd be.

VIVIAN: (apprehensive) (to Renee) Why are we running?

RENEE: It's this super exclusive speakeasy, with like a hot crowd.

르네: (자신의 눈을 만지며) 눈 괜찮으세요?

그랜트: (끼어들며) 좀, 그냥 가겠다고 말해줘요. 저 못생긴 눈에 속눈썹 붙인 거 다 떨어지겠네.

이든이 피식 웃으며 아래를 내려다본다.

르네: (속삭이면서 이든에게) 그러지 마요.

릴리: (애원하듯) 우리랑 보스턴에 가주겠나? 할인점 미팅에 말이야.

르네: 물론이죠, 할머니. (의자에 앉아서 위아래로 흔들거린다.) 보스턴 갈게요! 당연히 가야죠! 보스턴에 가겠냐고요? 당연하죠!

차이나 펄 식당 안.
르네, 비비안, 제인이 식당에 들어가려고 둥근 계단을 뛰어 올라가고 있다. 맨 앞에 르네가 깊이 파인 빨간색 홀터넥 드레스를 입고 있다. 르네의 뒤에 비비안이 네이비색 블라우스와 줄무늬 카디건을 입고 있다. 제인은 갈색과 파란색 무늬가 있는 편안해 보이는 원피스를 입고 있다. 그들의 스타일은 상반된다. 르네는 섹시하고 유쾌해 보이고, 다른 두 명은 좀 더 편안한 차림으로 차분해 보인다.

르네: (흥분해서 모두에게) 직장 동료들이 여기 있겠다고 했어.

비비안: (불안해하며 르네에게) 왜 뛰는거야?

르네: 핫한 사람들만 들어가는 비밀 식당이래.

- fake eyelash
  인조 속눈썹
- bulging
  불거져 나온, 튀어 나온
- smirk
  히죽히죽 웃다
- staircase
  계단
- plunging
  깊이 패인
- down-to-earth
  현실적인, 실제적인

This is where my work friends said they'd be.
'This is (the place) where my work friends said they would be.'가 완전한 문장으로 where의 앞에 the place가 생략되었으며 직장 동료들이 말하는 시점이 과거였기 때문에 'will'의 과거형 'would'로 시제를 일치시켰다.

Zoom In

This is where my work friends said they'd be.

직장 동료들이 여기 있겠다고 했어.

She stops, taken aback, to register the scene. Vivian and Jane stop behind her. It's a standard Chinese restaurant with lots of red and gold, groups of people sitting at the tables, waitresses pushing trolleys laden with bamboo steamers, a red-aproned male at the bar in front, quiet with traditional Chinese music softly playing, nothing like the club party she seemed to have been expecting. They walk up to the muscular guy in a black t-shirt standing at the doorway.

RENEE: (confidently, as if she's giving a secret password) Hi. We're here for the speakeasy.

GUY: (expressionless) What speakeasy.

RENEE: Three girls for the speakeasy.

GUY: No. (The women's faces fall.)

RENEE: (perplexed) Am I saying that right, speakeasy...

JANE: (to Renee) It's cool.

JANE: (walking past him to enter the restaurant) Thanks dude.

RENEE: Speak... (to all) He was just supposed to show us where the doorway was. Right? That's clear. I don't understand. And now... (looking up and gesturing to a group of attractive young women passing by, led by the doorman) And look, he's leading these girls to it.

JANE: Eww, those posers don't know what they're missing out here.

RENEE: Didn't I ask you guys to wear heels?

VIVIAN: (holding a spring roll) Yeah, well I can't walk in heels. So...

RENEE: I'm just saying if we want to get into places like this...

JANE: We don't really care about getting into places like that. But I guess now you do?

식당 내부를 보고 놀라서 멈춘다. 비비안과 제인도 뒤에서 멈춰 선다. 빨간색과 금색으로 장식한 전형적인 중국 식당이다. 사람들이 테이블에 앉아 있고 종업원들이 대나무 찜통을 실은 카트를 밀고 있다. 앞에 있는 바에 빨간색 앞치마를 맨 남자가 있고 중국 전통 음악이 잔잔하게 흐른다. 기대하던 클럽 파티의 모습은 어디에도 없다. 그들은 입구에 서 있는 검정 티셔츠를 입은 근육질의 남자에게 다가간다.

르네: (비밀 암호를 말하는 것처럼 당당하게) 안녕하세요. 비밀 식당 찾아 왔는데요.

남자: (무뚝뚝하게) 무슨 비밀 식당이요?

르네: 비밀 식당에 여자 셋이요.

남자: 그런 거 없는데요. (여자들이 실망한다.)

르네: (당황하면서) 제대로 말한 건가, 비밀 식당..

제인: (르네에게) 됐어.

제인: (남자를 지나 식당으로 들어가면서) 고마워요.

르네: 비밀… (모두에게) 우리한테 입구를 알려줘야 하는 거잖아, 안 그래? 확실한데. 이해를 못하겠네. 저거 봐, (고개를 들고 문지기에게 안내 받아 지나가고 있는 한 무리의 젊고 매력적인 여성들을 손짓하면서) 저 여자들은 안내해주잖아.

제인: 뭐, 쟤네들은 이렇게 맛있는 걸 못 먹는다고 상상도 못할걸.

르네: 내가 힐 신으라고 하지 않았어?

비비안: (스프링 롤을 들고) 했지, 근데 힐 신으면 나 못 걸어.

르네: 이런 식당에 들어가고 싶으면..

제인: 저런 데 안 들어가도 상관 없어. 근데 넌 상관 있나 봐?

- **trolley**
  카트, 손수레
- **muscular**
  근육의, 근육질의
- **poser**
  뻐기는 사람

Didn't I ask you guys to wear heels?
미국의 파티나 클럽의 드레스 코드에서 하이힐은 거의 필수 요소이기 때문에 Renee의 물음은 의아함을 내포하고 있다.

Zoom In

Didn't I ask you guys to wear heels?

내가 힐 신으라고 하지 않았어?

RENEE: (out road) Jenn! (jumping out of her chair to run up to another group being led past by the doorman) Hi! Oh my God!

The waiter arrives with steamed dim sums.

VIVIAN: (to waiter) Oh hello.

JANE: (to waiter) Hello sir.

Renee is talking to Jenn and another woman across the room. She turns to gesture back towards Vivian and Jane. Jenn and the other women both look over at Vivian and Jane, appraising them.

VIVIAN: Can I get one of all of those? Thank you.

In the background, Jenn and the woman talking to Renee both shake their heads. Vivian and Jane are only interested in the food.

RENEE: (Renee is arriving back at the table and sitting down) Okay, good news, bad news. Um, good news is that I can get in. Bad news is you guys can't. So you know, obviously I'm going to stay with you guys. I want to be here and not in there, in some dumb club with these girls I barely know.

JANE: Yeah...

RENEE: (appealing to them. She wants to go and wants their permission to leave them.) Unless that's what...you guys think I should do cause...

JANE: Yeah...

르네: (크게) 젠! (의자를 박차고 일어나 문지기에게 안내 받아서 지나가는 또 다른 무리에게 뛰어가면서) 반가워요! 세상에!

웨이터가 찐딤섬을 가지고 온다.

비비안: (웨이터에게) 오, 안녕하세요.

제인: (웨이터에게) 안녕하세요.

르네는 식당 저 쪽에서 젠과 다른 여성에게 말하고 있다. 뒤를 돌아 비비안과 제인을 가리킨다. 젠과 다른 여성은 둘 다 비비안과 제인을 보고 평가하 듯 훑어본다.

비비안: 전부 하나씩 주시겠어요? 고마워요.

뒤에서, 르네와 말하고 있는 젠과 여자가 둘 다 고개를 젓는다. 비비안과 제인은 음식에만 신경 쓰고 있다.

르네: (테이블로 돌아와 앉으면서) 봐, 좋은 소식이랑 나쁜 소식이 있어. 좋은 소식은 나는 들어갈 수 있다는 거야. 나쁜 소식은 너네는 안된대 근데, 난 너희랑 여기 있을 거야. 여기 있어야지 안 가도 돼. 잘 알지도 못하는 여자들이랑 저런 데 가서 뭐해.

제인: 그래.

르네: (친구들한테 호소하듯. 르네는 가고 싶어하고 가도 좋다는 허락을 받고 싶다.) 혹시 너네가 가라고 한다면 모를까..

제인: 그래.

- appraise
  살피다, 뜯어보다
- shake one's head
  고개를 가로 젓다

Can I get one of all of those?
요청/요구하는 상황에서 'Can I ~' 라는 표현을 쓰며 'Could I ~' 는 더 공손한 표현이지만 최근엔 거의 쓰이지 않는다.

Zoom In

Can I get one of all of those?
전부 하나씩 주시겠어요?

Taking their acknowledgement as permission to go, she enthusiastically jumps up to leave again. Jane and Vivian stare in disbelief, both holding their chopsticks in their hands, mid-meal.

RENEE: Yeah? Are you sure? Okay. Okay, thank you so much you guys. Okay I will tell you guys absolutely everything tomorrow. Enjoy the food.

Happy and excited, Renee leaves. Jane and Vivian stare after her as she joins Jenn and friend who usher her past the doorman into the adjacent room.

IN THE OFFICE.

Renee walks down the hallway, drinking a shake from a straw, holding a paper bag of food. She's dressed in a scarlet skirt, checked blouse and black vest. Her hair is brushed back off her forehead, flowing easily over her shoulders.

Now sitting at the lunch table, Renee is talking to Jenn and another woman. Her shake and bag are on the table in front of her.

RENEE: (to Jenn) Okay, is there where it is? (to both) ...And then what I realized is I could eat whatever I want and still look like this. Shout out to my genetic makeup. So blessed.

She leans down and grabs her sandwich wrap and takes a bite.

RENEE: (to guest) We'll be with you momentarily. (phone) (Cheerily kneeling on her chair, she spins around.) Hello, Lily LeClaire, you've got Renee.

WOMAN: (to Renee) Hi.

그냥 대답한 것을 가도 된다는 허락으로 받아들여 르네는 신나서 자리를 박차고 일어나 다시 떠난다. 제인과 비비안은 이 상황이 믿기지 않는 다는 듯 먹던 젓가락을 손에 들고 쳐다본다.

르네: 그래? 정말이지? 좋아. 알았어, 진짜 고마워. 내일 하나도 빠짐없이 다 말해줄게. 맛있게 먹어.

르네가 신나고 흥분한 채로 떠난다. 젠과 친구가 르네를 이끌어 함께 문지기를 지나 옆에 있는 방으로 들어가는 걸 비비안과 제인이 계속 바라본다.

사무실.
르네가 빨대로 쉐이크를 마시면서 음식이 든 종이 가방을 들고 복도를 걸어간다 새빨간 스커트와 체크 무늬 블라우스에 검정색 조끼를 입고 있다. 머리를 이마에서 빗어 넘겨 자연스럽게 어깨로 흐르게 두었다.

점심 테이블에 앉아서 르네는 젠과 다른 여성에게 말하고 있다. 쉐이크와 종이 가방이 그녀 앞 테이블에 놓여 있다.

르네: (젠에게) 여기예요? (두 사람에게) 그리고 제가 깨달은 건 먹고 싶은 걸 다 먹어도 괜찮다는 거죠. 그래도 몸매가 그대로예요. 소리 질러, 내 타고난 몸매. 정말 축복 받은거죠.

몸을 숙여 랩 샌드위치를 집어들고 크게 한 입 먹는다.

르네: (손님에게) 잠시만 기다려주세요. (전화로 의자에 무릎을 대고 빙글 돌면서 명랑하게) 여보세요, 릴리 르클레어 르네 입니다.

여자: (르네에게) 안녕하세요.

- acknowledgement
  답신, 인정, 승인
  The action of showing that one has noticed someone or something.
- usher
  안내하다
- scarlet
  새빨간 색, 진홍색
- take a bite
  한 입 베어 물다

We'll be with you momentarily.
= We'll be with you for a moment.
= A moment of your time, please.
= Wait a second.

Zoom In

We'll be with you momentarily.
잠시만 기다려주세요.

I FEEL
PRETTY

I FEEL
PRETTY

1681G

I FEEL PRETTY

Abruptly cutting off the woman who was about to ask her something.

RENEE: (to woman) Oh just one second. (phone) Oh I love hearing your voice too. (to woman) East Coast Escrow is on the second floor. (The woman is fazed by Renee's presumption.) You're gonna wanna head down there. I'm sorry, if you could just scoot just a little bit.

RENEE: (to model) Welcome to Lily LeClaire. I am living for your bag.

MODEL: (turning to show off the bag, flattered) Thanks!

Renee walks into a basement bar underneath an old sign for Lucy Beauty Salon in Chinatown.

JANE: (hugging Renee) Oh my God, Hi.

RENEE: (to Jane) Hi.

JANE: (starting to walk through the people milling around the bar) Thank you so much for still doing this.

RENEE: Oh my God, stop it. I wouldn't miss our first Grouper date.

JANE: I know, but you know, Ethan and...

RENEE: Hey, I want to do this. (Jane clutches her hands apprehensively in front of herself.) Alright I'm going to be like the ultimate wing woman. And when they pay attention to me, I'll just redirect them to you. That's my whole plan.

JANE: Okay.

뭔가 물어보려는 여자의 말을 자르면서.

르네: (여자에게) 잠시만요. (전화로) 저도 통화하니까 좋네요. (여자에게) 에스크로 동부점은 2층에 있어요. (여자는 멋대로 추측하는 르네 때문에 당황한다.) 아래층으로 가셔야 해요. 죄송하지만, 조금만 비켜주세요.

르네: (모델에게) 릴리 르클레어에 잘 오셨어요. 제가 갖고 싶은 가방이에요.

모델: (우쭐해져 가방을 보여주려고 몸을 틀면서) 고마워요!

르네가 차이나타운의 루시 부티 살롱이라 적힌 낡은 간판 아래에 있는 지하의 바로 걸어 들어간다.

제인: (르네를 안으면서) 세상에, 왔구나.

르네: (제인에게) 그럼.

제인: (바에 서 있는 사람들 사이를 지나가면서) 아직도 우리랑 같이 해줘서 고마워.

르네: 세상에, 쓸데없는 소리하지 마. 첫 번째 그룹 데이트인데, 놓칠 수 없지.

제인: 물론 알지, 그래도 넌 이든이 있으니까..

르네: 봐, 내가 하고 싶어서 하는 거야. (제인이 염려스러운 듯이 손을 움켜쥔다.) 알았지. 내가 확실히 바람잡이 해줄게. 나한테 관심이 쏠리면, 너한테 밀어줄 거야. 그게 내 계획이야.

제인: 그래.

- faze
  당황시키다
- presumption
  추정, 건방짐
- scoot
  서둘러 가다, 떠나다
- show off
  자랑하다

I wouldn't miss our first Grouper date.
'won't'는 즉석에서 결정되는 사항이나 확실성을 나타내지만 'wouldn't'는 가정의 상황이나 불확실성을 나타낸다.

Zoom In

I wouldn't miss our first Grouper date.

첫 번째 그룹 데이트인데, 놓칠 수 없지.

Renee straightens a few strands of Jane's hair and lightly touches under her breasts as if she needs to correct Jane' s appearance.

RENEE: Okay. Okay... here's... okay. (walking boldly and with self-assurance up to where Vivian and three guys are sitting talking.) Hey y'all. I am Renee.

GUY: (to Renee) Hey.

RENEE: Hi. Nice to meet you.

He holds out his hand to greet her. Renee holds out her hand briefly but then withdraws her own hand without touching his.

GUY: Nice to meet you.

RENEE: (to everyone) Guys...what are we talking about?

GUY: Renee, where are you from?

RENEE: Oh, no. (shaking her head in disapproval. Jane is scowling at her.) I see what's happening here. No...redirect that energy...'all over here. Not all over her face... but you and I are not going to happen.

The men look at Renee quizzically.

VIVIAN: Lyle, I like your scarf.

LYLE: (touching the long, knitted scarf bound loosely around his neck) Really, this little thing. You don't think it's too much?

VIVIAN: Is it hand-knit? Cause I actually do some loom weaving. I don't know how to make a scarf though... but once I made a Native American Medicine Bag.

LYLE: Actually my sister studies 18th century...textiles online.

제인의 머리 몇 가닥을 정돈해주곤 제인의 외모를 점검하는 것처럼 가슴 아래를 가볍게 만진다.

르네: 알았지? 좋아.. 여기도.. 됐다. (비비안과 세 명의 남자가 앉아서 얘기하는 곳으로 자신감 있게 성큼성큼 걸어간다.) 모두 반가워요. 르네예요.

남자: (르네에게) 안녕하세요.

르네: 안녕, 반가워요.

인사하려고 르네에게 손을 뻗는다. 르네는 잠깐 손을 뻗고는 닿지 않도록 손을 뒤로 뺀다.

남자: (르네에게) 반가워요.

르네: (모두에게) 다늘 무슨 얘기하고 있었어요?

남자: (르네에게) 르네, 어디 출신이에요?

르네: 이런. (탐탁치 않다는 듯 고개를 흔들면서. 제인이 얼굴이 찌푸리면서 쳐다본다.) 뭐 하려는 건지 알겠는데. 됐어요.. 저에 대한 관심을 이 친구에게 주세요.. 얼굴은 그렇다 치고… 당신과 내가 썸을 탈 리는 없으니까요.

남자들이 당황스럽다는 듯 르네를 쳐다본다.

비비안: 라일, 스카프 너무 예뻐요.

라일: (목에 느슨하게 두른 긴 니트 스카프를 만지면서) 그래요, 별 거 아닌데. 좀 과하지 않아요?

비비안: 손으로 짠 거예요? 저도 뜨개질 하거든요. 스카프 만들 줄은 모르지만, 그래도 한번은 인디언 메디슨백을 만들어 본 적도 있어요.

라일: 사실은 제 누나가 온라인으로 18세기 직물을 공부하고 있어요.

- **straighten** 바로 하다, 똑바르게 하다
- **disapproval** 반감, 못마땅함
- **scowl** 노려보다, 쏘다보다
- **loom weaving** 베틀로 짜기, 직기 짜기

You don't think it's too much.
too much 는 너무 과하다, 너무 심하다 라는 뜻으로 많이 사용된다. 어떤 상황이나 일이 너무 심하다는 뜻으로도 쓰이고, 옷차림이 너무 과하다고 할때 많이 쓰인다. 최근에는 감탄사처럼 만족이나 즐거움의 의미로 쓰이기도 한다.

Zoom In

You don't think it's too much.

좀 과하지 않아요?

RENEE: (suddenly moving over and leaning against Vivian's shoulder) Actually, a little bit about Viv, that's unexpected. (Viv smiles uncertainly, wondering what she's going to say··· Jane looks at Renee sternly.) She was thrown out of the 8th grade for showing everybody (with her hand beside her mouth, as if telling a secret) ··· her boobies.

GUY: (to all) We all have a past.

RENEE: And look, don't skip on Jane. Yes, she's dressed like an old man watering his lawn... (Jane is horrified but Renee is oblivious) ...it doesn't matter. Because once she gets out of these clothes, she's a sex party. (The men don't know where to look. They shift around uncomfortably in their seats.) I can tell you guys have a lot of sexual energy.

JANE: (to Renee and Vivian) You know what I feel like we could use some more drinks. The ladies will be right back.

VIVIAN: Yeah.

RENEE: You guys get the drinks, I'll hang with the boys.

VIVIAN: (pushing Renee away) No, no. You're coming with.

RENEE: Okay... Hey...

JANE: (confrontational) What are you doing to us?

RENEE: (Unaware of what she's been doing.) I'm trying to help you guys, you serious?

VIVIAN: What?

RENEE: I'm setting you up for success. Just be hotter. (Jane and Vivian look at Renee incredulously.) You got to lead with your...hotness. And then let them find out how boring you are later.

르네: (갑자기 움직여 비비안의 어깨에 기대면서) 사실, 우리 비브는, 반전 매력이 있어요. (비비안 애매하게 웃으며 르네가 무슨 말을 할 지 걱정한다. 제인이 굳은 얼굴로 르네를 쳐다본다.) 8학년 때 쫓겨 났대요. (비밀 얘기를 하는 것처럼 입 옆에 손을 갖다대고) 애들 앞에서 가슴을 드러내 보여줬다가.

남자: (모두에게) 다 흑역사는 있죠.

르네: 제인도 빼먹을 수 없죠. 잔디에 물 주는 아저씨처럼 입고 다니지만… (제인은 충격 받지만 르네는 눈치채지 못한다.) …그게 중요한 게 아니죠. 일단 옷만 벗었다 하면, 완전 광란의 파티거든요. (남자들은 시선을 어디에 두어야 할지 모른다. 그들은 불편하다는 듯 자리에서 들썩거린다.) 장담하건데, 성적 에너지가 넘쳐요.

제인: (르네와 비비안에게) 술이 더 필요할거 같은데, 금방 다녀올게요.

비비안: 그러게요.

르네: 너네가 술 가져와, 난 놀고 있을게.

비비안: (르네를 밀어내면서) 아니야. 같이 가자.

르네: 알았어…. 왜 이래…

제인: (따지면서) 너 뭐 하는 짓이야?

르네: (뭐가 잘못됐는지 모르고)뭐 하기는, 너희들 도와주고 있잖아. 아니 그것도 모르겠어?

비비안: 뭐?

르네: 밑밥 깔고 있잖아. 더 섹시한 척 해. (제인과 비비안이 믿을 수 없다는 듯 르네를 쳐다본다.) 최대한 끌어올려 봐. 너희들이 따분하다는 걸 재네들이 알게되어도 그건 나중 문제야.

- sternly
  엄격하게, 준엄하게
  =seriously, severely, acutely, critically
- booby (boobies)
  젖가슴
- oblivious
  의식하지 못하는
- hang with
  ~와 어울리다, ~와 함께 남다
- confrontational
  대립을 일삼는
  causing or involving angry disagreement

We all have a past.
'all'은 동격 용법으로도 사용되기 때문에 'all'과 동격이 되는 단어 뒤에 위치하게 된다. 이 문장에서는 'we'와 'all'이 동격이며 일반적인 모든 사람을 의미한다.

Zoom In

We all have a past.
다 흑역사는 있죠.

VIVIAN: You think we're boring?

RENEE: (ignoring the question) Let's start over, okay. You guys are going to be fun. Let's have a blast. I'm feeling like shots. (to guys) You guys want shots? You guys are crazy.

RENEE: (turning to the bar) Oh hi, how are you. Can we have six shots of Fireball?

Vivian and Jane look knowingly at each other. Turning back, Renee motions with her thumb towards the bartender.

RENEE: (to Jane) Oh my God. Obsessed with me. Is he staring?

JANE: No.

RENEE: (looking at the men) Yeah... We always dance together like crazy. Back it up!

VIVIAN: Not to me. (she bends down again.)

JANE: (annoyed) Don't do that to her.

VIVIAN: Stop!

비비안: 우리가 따분하다고?

르네: (물어보는 걸 무시하고) 다시 해보자, 좋아. 재미있을 거야. 마음껏 즐기자. 샷으로 마셔야겠는데. (남자들에게) 샷으로 마실래요? 엄청 좋은가봐요.

르네: (바로 몸을 돌리면서) 저기, 안녕하세요. 파이어볼 샷으로 여섯 잔 주실래요?

비비안과 제인은 의미심장하게 서로 쳐다본다. 다시 뒤돌며 르네가 바텐더를 엄지로 가리킨다

르네: (제인에게) 세상에, 나한테 반했어. 지금 나 쳐다보고 있지?

제인: 아니.

르네: (남자들을 보면서) 보고 있겠지. 우린 항상 신나서 춤을 춰요. 받쳐봐!

비비안: 나한테 하지마.

제인: (짜증내며) 그러지 좀 마. (그녀가 다시 허리를 구부린다.)

비비안: 하지마!

- have a blast
  아주 즐거운 한때를 보내다
- knowingly
  빈틈없이, 고의로
- obsessed
  빠져있는, 열광하는

Don't do that to her.
명령문의 대상은 항상 you이기 때문에 긍정명령문일 때는 동사원형, 부정명령문일 때는 Don't ~를 사용한다.

Zoom In

Don't do that to her.

그러지 좀 마.

Chapter 8

부사장 르네

Renee the VP

시간 01:11:50~01:19:05

Renee appears on the tarmac at the airport and strides towards a private jet, pulling a suitcase behind her. The jet has the name Lily le Claire in big letters on the side. A flight attendant waiting at the bottom of the stairs leading up into the plane takes her suitcase and she walks up. Inside the plane Renee walks tentatively down the aisle. Avery is leaning back in a front seat looking unwell. Renee leans down from behind to speak to her.

AVERY: (Her face lights up.) Renee.

RENEE: (to avery) Can I sit here?

Without waiting for an answer, she scuttles to the seat facing Avery and sits down, excited.

AVERY: (softly) I'm a slightly nervous flyer so I took a few things.

RENEE: Cool. Okay, yeah. (She reaches out her arms as if to touch Avery's extended hands, then withdraws them quickly.) This is absolutely nuts. I'm bugging, I'm bugging right out, right now.

르네가 공항 활주로에 나타나 가방을 끌면서 전용기로 걸어가고 있다. 전용기 옆면에 릴리 르클레어가 큰 글씨로 적혀있다. 비행기로 이어지는 계단 아래에서 승무원이 기다리다 그녀의 가방을 받아 든다. 르네는 계단을 오른다. 르네는 조심스럽게 비행기 안의 통로를 걷는다. 에이버리가 앞좌석에 몸을 기대고 있는데 상태가 좋지 않아 보인다. 르네가 뒤에서 몸을 숙이며 에이버리에게 말을 건다.

에이버리: (얼굴이 밝아진다.) 왔어?

르네: (에이버리에게) 여기 앉아도 돼요?

대답을 기다리지도 않고, 신이 나서 에이버리 맞은편 좌석으로 종종거리며 가서 앉는다.

에이버리: (나른한 목소리로 속삭이듯) 비행기 공포증이 있어서 진정제 좀 먹었어.

르네: 괜찮아요. 알겠어요. (에이버리가 뻗은 손을 만지려는 듯 손을 내밀었다가 빠르게 다시 물린다.) 진짜 대박이에요. 신나서 미치겠어요.

- **tarmac**
  타맥(아스팔트 포장재)
- **private jet**
  자가항공기, 전세기
- **tentatively**
  망설이며
- **scuttle**
  종종걸음을 치다, 총총 가다

AVERY: (sounding as if she's heavily drugged) Well if things go as I expect they will we have a lot more trips like this in our future.

RENEE: What are you talking about? Like vaycays to the Maldives?

AVERY: (dreamily) No, I was thinking more like Akron or Milwaukee where we have our factories.

RENEE: Okay. Okay. I thought we were going a different way with it. But cool.

AVERY: Oh I also want to give you a title. Something like VP of Diffusion Line if you like that?

RENEE: (overcome) Okay. I have a title? VP of the Diffusion Line! Wait should I get like a standing desk or something? Is that too fancy? No, those people always look like they work at Verizon. But I don't know. (Renee points to a counter laden with fresh fruit, nuts, cheese, slices of meat and crackers.) Are you sure you don't want to sit near the snacks? I don't want to hog them. There's just like so many.

Avery has no interest in the food. She has her neck pillow on and is holding a matching eye-mask. Renee keeps talking.

RENEE: So let's talk about the keynote speech. So I put the whole thing on my tablet. I can hook up to a Bluetooth or I can just be on a remote. I can go to a flat screen...

에이버리: (약에 취한 것처럼) 계획대로만 된다면, 앞으로 이렇게 다닐 일이 많을 거야.

르네: 무슨 뜻이에요? 몰디브로 휴가 같은 거 가요?

에이버리: (몽롱하게) 아니, 우리 공장이 있는 애크론이나 밀워키에 갈 일이 많을거야.

르네: 아, 알겠어요. 착각했네요. 그래도 좋아요.

에이버리: 자기한테 직함도 주고 싶어. 보급형 라인 부사장 같은 거 어때?

르네: (매우 흥분해서) 좋죠. 저도 직함이 생기는 거예요? 보급형 라인 부사장! 그럼, 스탠딩 데스크 같은 것도 주시는 거예요? 너무 과한가요? 그런 임원들은 버라이존 같은 멋진 회사에서 일하는 것처럼 보이더라고요. 근데 괜찮아요. (신선한 과일, 견과류, 치즈, 얇게 썬 고기와 크래커가 놓인 카운터를 가리키며) 간식 안 드셔도 되겠어요? 혼자 먹기엔 너무 많은데.

에이버리는 음식에 흥미가 없다. 그녀는 베개를 베고 색이 똑 같은 안대를 들고 있다. 르네가 계속 얘기한다.

르네: 발표 얘기 좀 할게요. 태블릿에 다 담아 왔어요. 블루투스로 연결해도 되고 원격으로 할 수도 있어요. 모니터에 쏴서..

- vaycay (vacation)
  휴가
  A period of time devoted to pleasure, rest, or relaxation
- VP (vice-president)
  부사장
- overcome
  압도당하다
  if someone is overcome by emotion, they cannot behave normally because they feel the emotion so strongly
- hog
  독차지하다
- hook up
  연결시키다

I put the whole thing on my tablet.
'put' 은 뒤에 반드시 전치사구를 가지는 동사로 담거나 넣어두는 위치를 표시해야 한다.

Zoom In

I put the whole thing on my tablet.

태블릿에 다 담아 왔어요.

Now wearing the eye-mask, she holds out her right arm, palm facing Renee and fingers extended to signal her to stop.

AVERY: Shh...

RENEE: (in a whisper) Okay.

AVERY: We'll be great...

RENEE: I'm just going to be quiet.

She looks up and sees Grant creeping down the aisle, wearing sunglasses, trying not to be seen. Grant sits down in a rear seat, and Renee carefully, quietly, gets up to go and see him.

RENEE: (mouths) Come up there? Okay. (to Grant) Hi.

GRANT: (Leaning into the aisle and taking off his sunglasses.) She see me?

RENEE: (to Grant) Avery?

GRANT: Yeah?

RENEE: No. It's an hour flight. Word will probably get out.

GRANT: Oh yeah, but once we're up in the air, it's too late.

RENEE: (pleased) I didn't know you were coming.

GRANT: (Nonchalantly leaning back in his seat and appraising Renee.) Oh yeah, I'm just hitching a ride to the Yankees-Red Sox game.

RENEE: So cool.

GRANT: Are you pleasantly surprised?

RENEE: That you're coming?

GRANT: Yeah. Good. Me too.

안대를 끼고 오른팔을 뻗는다. 손바닥을 르네에게 향하게 한 채 손을 쫙 펼치고 그만하라고 신호를 보낸다.

에이버리: 조용...

르네: (소근거리며) 알았어요.

에이버리: 잘 될 거야..

르네: 조용히 있을게요.

르네가 시선을 들어 통로를 살금살금 걷고있는 그랜트를 본다. 그랜트는 선글라스를 끼고 들키지 않으려고 애쓰고 있다. 그랜트가 뒷자석에 앉고 르네는 조심스럽고 조용하게 일어나 그를 보러 간다.

르네: (입모양으로) 그 쪽으로요? 알았어요. (그랜트에게) 안녕하세요.

그랜트: (통로로 몸을 숙이고 선글라스를 벗으면서) 누나가 저 봤어요?

르네: (그랜트에게) 대표님이요?

그랜트: 네.

르네: 아니요. 근데 한 시간 비행이라 어차피 들킬 거 같은데요.

그랜트: 그렇더라도, 비행기 뜨면, 누나도 뭐라 못 하겠죠.

르네: (기뻐하면서) 당신도 오는 줄 몰랐어요.

그랜트: (태연하게 의자에 기대 르네를 보면서) 그랬을 거예요, 뉴욕 양키스와 보스톤 레드삭스 경기 보러 가려고 몰래 탄 거예요.

르네: 멋지네요.

그랜트: 놀랐지만 좋죠?

르네: 당신이 온 게요?

그랜트: 네. 다행이네요. 저도 그래요.

- hitch a ride
  히치하이크하다

Word will probably get out.
습관 또는 경향을 나타낼 때 조동사 will을 사용할 수 있다. 이 문장에서는 '말[거짓말/비밀]은 항상 드러나기 마련이다' 라는 의미의 경향성을 띄고 있다.

Zoom In

Word will probably get out.
어차피 들킬 거 같은데요.

ANNOUNCEMENT: (to all) Good morning, welcome aboard, this is Dan your captain speaking. About 35 minutes up to Boston, skies are clear. Sit back, relax and enjoy the ride.

In front of a large half-circle window, through which we can see the rectangular box-like high-rises of city buildings, Renee is walking back and forth reading her presentation script.

RENEE: (out loud to herself) What we really want to say to our customer is that yes, we have made these items cheaper for her and easier to use. But really... but really what we've made them is better. Is better... for her. Because we love her.

There's a knock on the door.

RENEE: (out road to the person at the door) No thank you. (continuing to herself) Because we love her...

She hears the knock again and, annoyed by the interruption, goes to the door to see who's there. She opens the door to see Grant leaning languidly against the door.

GRANT: (to Renee) Hey.

RENEE: (to Grant) Hi.

GRANT: So I'm right next door.

RENEE: (acting surprised) That's crazy.

GRANT: Do you mind if I come in and make a quick phone call? That okay. Great, thanks.

안내방송: (모두에게) 안녕하세요, 탑승하신 여러분 환영합니다. 저는 기장 댄 입니다. 저희 비행기는 약 35분 후에 보스턴에 도착합니다. 기상 상태는 좋습니다. 편안한 여행 되십시오.

직사각형 박스 같은 고층 빌딩들이 보이는 커다란 반원 모양의 창문 앞에서 르네가 왔다갔다하며 발표 대본을 읽고 있다.

르네: (혼잣말이지만 크게) 저희가 고객에게 하고 싶은 말은 바로 이겁니다. 당신들을 위해 저렴하고 사용하기 쉬운 제품을 만들었다는 거죠. 하지만 정말로, 정말로, 더 나은 제품을 만들었죠. 당신을 위해 더 나은 제품을. 왜냐하면 저희는 당신을 사랑하니까요.

노크소리가 들린다.

르네: (문 밖의 사람에게 크게) 됐어요. (계속 혼잣말하면서) 저희는 당신을 사랑하니까…

노크소리가 다시 들린다. 방해 받아서 짜증난다는 듯 누군지 보러 문으로 간다. 문을 열자 그랜트가 문에 나른하게 기대어 있다.

그랜트: (르네에게) 안녕하세요.

르네: (그랜트에게) 안녕하세요.

그랜트: 바로 옆방에 있거든요.

르네: (놀란 척하며) 진짜 신기하네요.

그랜트: 잠깐 들어가서 전화 좀 써도 될까요? 고마워요.

- high-rise
  고층의
- languidly
  노곤하게, 기력이 모자라서

Do you mind if I come in and make a quick phone call?
'Do you mind~?'는 정중하게 의사를 물어보는 표현으로 '~하면 꺼려지실까요?'라는 의미이다. 따라서 'Yes'라는 대답은 '싫다'라는 뜻이므로 부정의 의미가 되고 'No'라는 대답은 '싫지 않다'라는 뜻이므로 긍정의 의미가 된다.

Zoom In

Do you mind if I come in and make a quick phone call?

잠깐 들어가서 전화 좀 써도 될까요?

He maneuvers past her and enters the room, stooping to pick up the room service menu on the coffee table, then sits down.

RENEE: Yeah, the phone is ah... The phone... yeah.

GRANT: (phone) Hey yeah, can I get the steel head salmon. And you can leave off the gremolata, and the tartlette of leek and chanterelles.

Renee sidles over to the window, and sits down on the ledge, staring at Grant as if she can't believe he's in her room.

GRANT: (to Renee–mouthing the words) You want anything?

RENEE: (walking away from him. Softly, her voice almost imperceptible) Oh no. I'm fine. (taking a step towards him and speaking hesitantly) Mozzarella sticks? Mozzarella sticks.

GRANT: (phone) Mozzarella sticks.

RENEE: If you want them, I don't even like them. But if you like them...

GRANT: No, I want them. (phone) And a couple of orders of mozzarella sticks. (He looks at Renee as he speaks.) (She looks flustered by his attention.) Right. Thanks.

RENEE: Why can't you order...?

GRANT: Yeah, so um.. Avery had all the room charges blocked from my room. (Renee laughs uncomfortably.) Hey, it's not funny.

Standing up and putting the room service folder back on the coffee table, he walks up to stand face to face with Renee.

그랜트가 살짝 비껴 르네를 지나 방으로 들어간다. 몸을 숙여 탁자에 있는 룸서비스 메뉴를 들고 앉는다.

르네: 저, 전화는 저기.. 네, 그거요.

그랜트: (전화로) 저기, 무지개 송어 있나요? 그레몰라타는 빼주세요. 리크랑 살구버섯 타르트도요.

르네가 옆걸음질로 창가로 가 창틀에 앉는다. 그래트가 방 안에 있는게 믿기지 않는다는 듯 그랜트를 쳐다본다

그랜트: (르네에게-입모양으로만 말하며) 뭐 먹을래요?

르네: (그랜트한테서 멀어지며. 거의 들리지 않는 목소리로 조용히게) 아뇨, 괜찮아요. (그랜트에게 한 걸음 다가기 쭈뼛거리며) 모짜렐라 스틱? 모짜렐라 스틱이요.

그랜트: (전화로) 모짜렐라 스틱도 주세요.

르네: 당신이 먹고 싶으면 시키세요. 전 별로 좋아하진 않지만 당신이 원한다면…

그랜트: 먹고 싶어요. (전화로) 모짜렐라 스틱도 가져다 주세요. (말하면서 르네를 쳐다본다. 르네는 그의 시선에 어쩔 줄 몰라 한다.) 네, 고마워요.

르네: 그런데 왜 여기서 주문을..?

그랜트: 그게… 누나가 제 방에서 룸서비스 시키는 걸 못하게 막아 놨어요. (르네가 어색하게 웃는다.) 웃을 일이 아니에요.

일어서서 룸서비스 메뉴를 탁자에 돌려놓고, 르네에게 다가가 마주보고 선다.

- **maneuver** 교묘히 이동시키다, 조종하다
- **stoop** 몸을 굽히다, 구부리다
- **leave off** ~을 빼다[제외하다]
- **sidle** 옆걸음질 치다
- **ledge** (특히 창문 아래 벽에 붙인) 선반
- **imperceptible** 감지할 수 없는
- **hesitantly** 머뭇거리며, 우물거리며
- **flustered** 허둥지둥하게 만들다

Avery had all the room charges blocked from my room.
'have A B'는 'A를 B하게 하다'라는 뜻을 가지며 A와 B의 관계가 능동인지 수동인지에 따라 B의 형태가 결정된다.

Zoom In **Avery had all the room charges blocked from my room.**

누나가 제 방에서 룸서비스 시키는 걸 못하게 막아 놨어요.

GRANT: See if I'd know she was going to do that, I would have just asked to room with you from the beginning.

RENEE: (dumbfounded) Right.

GRANT: (with boyish charm, he comes closer and lightly holds one of her pigtails.) This is cute. These pig tails.

RENEE: (looking down, sheepish) Yeah.

GRANT: (confidently and pleasantly, looking down at her) Don't see them so much these days.

RENEE: Yeah. Two of them.

GRANT: Yeah, saw the other one around there.

RENEE: Yeah.

GRANT: It's nice.

RENEE: Thanks.

GRANT: So, they got you the big suite, huh?

RENEE: (As if she's under a spell.) Yeah.

GRANT: This is like twice the size of my room.

RENEE: It's bigger than my apartment.

GRANT: (He backs into the bedroom.) Oh God look at the size of the bed.

RENEE: Oh yeah. (He moves something on the bed to clear some space.) Oh that's...

GRANT: I'll just put this there.

RENEE: ... just a bandage from my leg.

Renee slowly advances toward the bedroom where Grant is leaning back on the bed picking up her presentation notes and looking at them with interest.

그랜트: 누나가 그럴 줄 알았으면, 그냥… 아예 처음부터 당신이랑 방 같이 쓰자고 할 걸 그랬어요.
르네: (놀라서 말이 안 나오는 듯) 그렇군요.
그랜트: (소년 같은 매력으로 가까이 다가가 르네의 땋은 머리 하나를 가볍게 쥔다.) 머리 귀엽네요. 피그테일이잖아요.
르네: (내려다보며 쑥스러운 듯) 맞아요.
그랜트: (자신감에 차서 즐겁다는 듯 르네를 내려다보며) 이런 머리 스타일은 요즘엔 보기 힘든데.
르네: 네. 두 개예요.
그랜트: 그래요, 반대쪽에 하나 더 봤어요.
르네: 네.
그랜트: 예쁘네요.
르네: 고마워요.
그랜트: 스위트룸 큰 것도 잡아줬네요?
르네: (푹 빠진 것처럼) 네.
그랜트: 내 방 두 배는 되겠어요.
르네: 사실은 제가 살고있는 집보다도 커요.
그랜트: (뒷걸음질로 침실에 들어간다.) 와, 침대도 엄청 크네요.
르네: 네. (그랜트는 공간을 확보하려고 침대에 있는 것을 옮긴다.) 오, 저건...
그랜트: 옆에 둘게요
르네: …다리에 감는 붕대인데...

천천히 침실로 다가간다. 그랜트가 침대에 뒤로 기대서 르네의 발표 노트를 들고 흥미롭게 살펴본다.

- **dumbfounded**
  (너무 놀라서) 말을 못 하는
- **sheepish**
  당황해 하는, 멋쩍어 하는
  =shy, embarrassed
- **under a spell**
  주문에 걸린

They got you the big suite?
suite는 몇 개의 방이 연결되어 있는 호텔 객실을 말한다.
get은 '~에게 ~을 준비해주다' 라는 의미를 담고 있다.

Zoom In

They got you the big suite?
스위트룸 큰 것도 잡아줬네요?

RENEE: I'm supposed to go meet your sister at the bar to go over the presentation.

GRANT: (with a casual fling of his arm) I'll just leave as soon as the food comes then. (Renee gulps.) Wow. Looks like you're totally prepared for this meeting tomorrow.

RENEE: Yeah.

GRANT: I'm sure you'll just dazzle them as per usual.

RENEE: (not sure this is real) I dazzle?

GRANT: (He sits up as Renee now walks up to the bed.) Please, like you don't know. Come on, you dazzle my sister, my grandma. Me.

RENEE: What?

GRANT: Come here, sit down. I don't know how you do it, Renee. But you've gotten a whole lot of women who always think they know best to sit up and take notice of you. And what you think, and who you are.

RENEE: (meekly) Me?

GRANT: Yeah. I can't even get my room charges covered.

RENEE: Yeah but, a lot of women notice you too.

GRANT: Maybe. But that's just because of my family's money. I think.

RENEE: Yeah, no.

GRANT: Maybe not?

RENEE: No.

GRANT: Problem is, I never really know. You know?

RENEE: No. I don't.

르네: 준비한 프레젠테이션을 검토해야해서 대표님이랑 바에서 만나기로 했는데.

그랜트: (팔을 가볍게 내밀면서) 음식 오면 바로 갈게요. (르네가 침을 꿀꺽 삼킨다.) 와, 내일 미팅 준비 진짜 열심히 했네요.

르네: 그럼요.

그랜트: 평소처럼 그 사람들도 반하게 만들 거예요.

르네: (진심일 리 없다는 듯) 저에게 반한다고요?

그랜트: (그랜트가 일어나 앉고 르네가 침대로 다가간다.) 모르는 척 하지 말아요. 누나도, 할머니도 반하게 했잖아요. 나도 그렇고.

르네: 네?

그랜트: 와서 앉아 봐요. 당신이 어떻게 하는 건진 모르겠지만, 자기가 최고라고 생각하는 모든 여자들이 흥미를 갖고 당신에게 관심을 갖게 하는 힘이 있어요. 도대체 당신이 생각하는 게 뭔지, 당신이 누군지.

르네: (얌전하게) 제가요?

그랜트: 그렇다니까요. 전 방값도 하나 제대로 해결 못하는 데요.

르네: 근데, 여자들도 당신한테 관심 많잖아요.

그랜트: 그럴지도 모르죠. 근데 우리 집안의 돈 때문일 걸요.

르네: 아닐 거예요.

그랜트: 아니라고요?

르네: 아니에요.

그랜트: 문제는 제가 알 길이 없다는 거죠. 그렇잖아요?

르네: 모르겠어요.

- **go over**
  ~을 점검하다, 검토하다
  =review, examine, look at
- **fling**
  던지다, 내밀다
- **gulp**
  침을 꿀떡 삼키다
- **dazzle**
  눈부시게 하다, 황홀하게 하다
  to impress deeply, overpower, or confound with brilliance) (Amaze or overwhelm (someone) with a particular impressive quality.
- **take notice of**
  ~을 알아차리다, 주의하다
- **meekly**
  온순하게
  in a quiet, gentle way and without arguing or expressing your opinions

I'm sure you'll just dazzle them as per usual.
- dazzle 눈부시게 하다, 황홀하게 하다
- per usual 항상 그렇듯, 평상시처럼

Zoom In

I'm sure you'll just dazzle them as per usual.

평소처럼 그 사람들도 반하게 만들 거예요.

GRANT: Except, you know, with you, I feel like I actually do know.

RENEE: That I'm gunning for your money?

GRANT: Every last cent of it.

He smiles and leans in to kiss her. Renee sits as if mesmerized. Just before their lips touch, there's a beep from Renee's phone from a message arriving.

TEXT: STAR HOP

RENEE: Ah, I am wet...

GRANT: Excuse me?

RENEE: ... with diarrhea.

GRANT: Oh.

RENEE: Yeah. I um. I need you to go, I just feel how much I'm getting diarrhea.

GRANT: Okay.

He's now out the door.

RENEE: And I don't want you to see the diarrhea.

She closes the door to the bedroom, then looks at her phone in disgust. She throws her phone on the bed and bolts to the bathroom. She closes the glass door, turns on the shower, and faces herself in the mirror.

RENEE: (to herself) Who are you? Who are you?

GRANT: (from outside) Hey Renee, the food's here. I guess I'll head off.

She turns to walk out and bangs into the glass door with a loud thud and falls back onto the floor, clutching her head.

그랜트: 근데, 당신이랑 있으면, 진짜 알 것 같아요.
르네: 제가 당신 돈을 노린다는 걸요?
그랜트: 마지막 한 푼까지.

미소를 지으며 키스를 하려고 고개를 기울인다. 르네는 매혹된 것처럼 앉아있다. 입술이 닿기 직전에 르네의 핸드폰에서 메시지가 왔다는 알림이 울린다.

문자: 별 따기
르네: 저, 아래가 젖었어요..
그랜트: 뭐라고요?
르네: 실사를 해서요.
그랜트: 저런.
르네: 저. 그러니까. 그만 가주세요. 설사 할 거 같아요.
그랜트: 네.

그랜트가 이제 문 밖에 있다.

르네: 설사하는 걸 보여주고 싶진 않아요.

침실 문을 닫고 역겹다는 듯 핸드폰을 본다. 핸드폰을 침대에 던지고 화장실로 달려간다. 유리문을 닫고 샤워기를 킨다. 거울을 마주 본다

르네: (혼잣말로) 도대체 넌 누구야? 대체 누구냐고?
그랜트: (밖에서) 르네, 음식 왔어요. 그만 가 볼게요.

르네가 돌아서 밖으로 나가려다 유리문에 부딪친다. 쿵 하는 큰 소리와 함께 머리를 움켜쥐고 뒤로 쓰러진다.

- **gun for**
  [지위, 상 따위]를 얻으려고 필사적이 되다
- **mesmerize**
  최면을 걸 듯 마음을 사로잡다, 완전 넋을 빼놓다
- **diarrhea**
  설사
- **disgust**
  혐오감, 역겨움
- **bolt**
  갑자기 달아나다
- **thud**
  쿵, 퍽

I guess I'll head off.
I guess는 말하는 사람의 태도나 입장을 표현하기 위한 구문으로 해석하면 오히려 어색하다. 말하는 사람이 전달하고자 하는 메시지는 그 뒤에 나오는 'I' ll head off' 이다.

Zoom In

I guess I'll head off.
그만 가 볼게요.

Movie Talk

Yankees vs Redsox

RENEE: Is that Hidden Valley?

LILY: Only the best, my dear.

RENEE: Oh my God, that is my absolute favorite. In High School I would just eat it by the spoonful. And by spoonful I mean... I would just chug it. You know... You know KFC…

Hidden Valley는 미국의 랜치소스를 만드는 회사 중 하나이다. 물론 랜치소스 외에 다양한 드레싱 소스도 만들어낸다. 영화에서 르네는 고등학교 때 숟가락채로 퍼먹었다고 한다. 이 랜치소스는 일반적으로 윙이나 샐러리를 찍어 먹는 소스로 많이 곁들이는데, 은근히 중독성이 강하다. 그러다보니 계속 먹고 싶다는 욕구를 자극한다. 더군다나 우리나라의 양념소스와 비슷한 맛을 가진 살짝 매콤한 윙과 곁들여도 맛있고, 튀긴 옷을 입한 윙과 같이 먹어도 매우 잘 어울린다. 그런데 이 소스를 그대로 윙소스라고 이름 붙여 배급한 곳이 KFC이다. 그러다보니 랜치소스와 윙의 조합은 매우 잘 어울리게 되어 정석화가 되었다.

극중 르네는 이 랜치소스를 숟가락으로 퍼먹었다고 했다는데, 맛은 있지만 칼로리는 상당히 높으니, 많이 먹으면 당연히 살이 많이 찔 음식이다. 르네가 이렇게 퍼먹었다는 것은 본인의 몸이 그만큼 살이 찔 수밖에 없는 습관들을 보여주는 장면이다.

VIVIAN: (TO RENEE) Why are we running?

RENEE: It's this super exclusive speakeasy, with like a hot crowd.

RENEE: (TO GUY) Hi. We're here for the speakeasy.

GUY: (TO RENEE) What speakeasy.
RENEE: Three girls for the speakeasy.
GUY: No.

Speakeasy와 Speed dating은 미국식 단체 소개팅 방법이다. 이 영화에 나오지 않는 Speed dating의 경우에는 먼저 길게 배치한 테이블과 의자에 여러 명의 남녀들이 서로 마주보고 앉는다. 그리고는 일정 시간동안 서로에게 물어보고 싶은 것들을 간단히 물어보고, 부저소리가 삐~ 하고 울리면 남자나 여자가 한 칸 옆으로 움직인다. 그리고 다시 다른 여성이나 남성에게 같은 질문을 또 한다. 시간의 규칙을 잘 지켜야하는 소개팅 방법으로, 여러 사람을 만나서 마음에 드는 사람에게 나중에 연락처를 받아서 만나거나 하는 방법이다. 통상적으로 온라인 데이팅이 나오기 전까지는 이렇게 해서 다양한 사람을 만나게 하기 위한 데이트 방법이다. 통상적으로 이성을 자주 못 만나는 사람들이 이런 방법을 통하여 만나고는 했다.

Speakeasy는 1920~1930년대를 배경으로 한 데이트 방법이다. 본래 미국의 금주법 시행 시절에 금지되었던 술을 판매하는 비밀 시설이었는데, 현재에도 추억의 레트로 스타일 술집으로 찾아볼 수 있다. 이런 술집 분위기에서 미팅처럼 여러 명의 남녀가 처음 만나 데이트를 하는 방법이다. 영화에서는 중국집을 거쳐 들어가는 비밀 술집으로 설정되었고, 여러 가지 테마를 가지고 몰래 들어가는 문이 있다든가, 비밀 번호가 필요하다든가, 시대극 옷차림으로 입고가야 한다든가 하는 식으로 운영된다. 중요한 것은 옛날 시대의 옷차림으로 입고 가는 것이 하나의 특징이기도 하고, 예전 시대를 느끼며 테마 데이트 같은 느낌을 지닌 만남의 방식이다. 여기 들어가서 초대된 사람들끼리 하는 데이트 방식이 Speakeasy 이다.

RENEE:	Hey, I want to do this. Alright. I'm going to be like the ultimate wing woman. And when they pay attention to me, I'll just redirect them to you. That's my whole plan.

르네가 본인을 Ultimate wing women 이라고 한다. 보통 바(bar)나 펍 같은 곳에서 남성이든 여성이든, 마음에 드는 누군가와 친해지려고 시도할 때, 옆에서 도와주는 사람을 통상적으로 Wing man 혹은 Wing women 이라고 한다. 남자들끼리 어느 장소에 가서 마음에 드는 여성을 발견하고 말을 걸고 싶을 때 친구보고 "I want you to be my Wing man." 이라고 한다. 이때 Wing man의 역할은 소위 자신의 친구를 비행기 태워주는 역할이다. 방식이 조금은 다른데, 우리나라는 칭찬을 많이 해주거나, Wingman 본인의 디스(부정적인 말로 폄하하기)를 통하여 친구를 더 돋보이게 하는 경우지만, 이야기 거리를 빨리 잡아서 서로가 잘 통하는 사이처럼 느끼게 해주

는 역할을 요구 할 때가 많다. 재미난 사실은 Wing man 역할을 잘 하는 사람은 약간 단순히 잘 띄어주는 역할 뿐만 아니라 분위기 메이커이자 마담뚜 같은 이미지라, 친구들 사이에서 인기도 좋고, 잘나가는 사람이 하는 경우가 흔하다.

물론 영화상에서 르네는 최악의 Wing women이였다. 이미 잘 되고 있는 친구들에게 오히려 이상하게 분위기를 만들고 핀잔을 주며, 모든 것을 어색하게 만들어 결국 친구들이 떠나버리는 결과를 가지게 된다. Wing women으로서 역할은 자신은 축소시키고 친구들을 띄워주며, 공통점을 찾아주고 이야기가 멈추지 않게 해주는 역할인데, 영화상 르네는 그쪽 방면으로는 능력이 없어 보이는 것은 어쩔 수가 없다.

RENEE:	I didn't know you were coming.
GRANT:	Oh yeah, I'm just hitching a ride to the Yankees-Red Sox game.
RENEE:	So cool.

우리나라에 대구 삼성과 광주 기아가 있다면 미국에는 그보다 더 오래되고 무시무시한 라이벌 관계인 보스턴 레드삭스와 뉴욕 양키스의 라이벌 관계가 있다. 이미 우리나라에서도 훌륭한 메이저리거들이 다수 나와서 많은 사람들이 MLB에 관심을 가지고 있고 이미 알고 있는 사람들도 많다. 하지만, 이 둘의 라이벌 관계는 정말로 한번 짚어보고 갈 만하다.

보스턴 사람이 맨하탄에 보스턴 모자를 쓰고 다니는 것은 금물이다. 무슨 큰일이 생기거나 시비가 붙거나 그럴 정도는 아니지만, 가게에 들어갔을 때 사람들이 장난으로 놀리거나 할 수도 있다. 이것은 반대로도 마찬가지이다. 예전에 수업시간에 보스턴 모자를 쓰고 들어갔다가 양키스 광팬인 교수가 20분간 수업을 안 한 경험도 있다. 다들 웅성웅성 거리며 이유를 알지 못했는데, 20분이 지나서야 보스턴 모자를 쓴 사람이 있는 강의실에서는 수업하기 싫다고 했을 정도이다. 물론 이런 상황은 짓궂은 교수의 농담이자 장난으로 보면 되지만, 이정도로 서로 사이가 좋지 않다.

한때 양키스의 데릭 지터와 보스턴의 노마 가르시아파라가 대표 선수였을 때 보스턴에서는 지터를 비하하는 티셔츠를, 맨하탄에서는 반대로 가르시아파라를 비하하는 티셔츠를 입고 다니는 사람을 많이 볼 수가 있었다. 필자의 경우 자동차 수리점 직원들과 친했는데, 보스턴 팬이라고 하니 일부러 양키스 볼펜으로 서류에 사인하게 만들고 수리가 끝나면 양키스 모양의 방향제를 짓궂게 달아놓고 차를 돌려주고는 했다.

그렇다면 왜 이 둘이 라이벌일까? 메사추세츠 주를 대표하는 보스턴, 뉴욕 주를 대표하는 맨하탄, 양쪽이 모두 돈도 많고 모든 스포츠가 강한 주들이다. 보스턴에는 야구말고도, 미식축구, 아이스하키, 농구 등 역사가 깊고 오래된 팀들이 많다. 이는 뉴욕 맨하탄도 다를 바가 없다. 그리고 야구에서는 이 둘이 모두 아메리칸 리그에 소속되어있고 같은 동부지구에 소속이 되어있다. 이 말은 즉, 동부지구에서 한 팀만 플레이오프에 나갈 수 있다는 것 인데 둘 중 하나가 서로 경쟁해서 더 많은 승을 거둔 팀만이 나갈 수가 있다는 말이다. 역대 수치상으로는 항상 보스턴과 양키스가 아메리칸 리그 전체 승수 1위를 차지하게 되는데, 이는 다시 말해 와일드카드로 뽑힌 팀과 1차전을 치른다는 것이다. 대표적으로 양키스가 1등을 하면 보스턴이 와일드카드를, 보스턴이 1등하면 양키스가 와일드카드 팀으로 선정되어 플레이오프 1차전에서 꼭 맞붙게 된다. 이런 상황이 지금까지 100번 넘게 벌어지면서 양팀은 서로 불붙는 라이벌 관계가 된 것이다. 이 라이벌 팀들은 서로에게 안 좋은 기억을 떠올릴만한 선수들

을, 두 팀의 경기 때에만 등판시켜서 괴롭히기도 한다. 예전에 김병현 선수가 메이저리그 당시 애리조나에서 양키스를 꺾고 우승했다. 물론 김병현이 애틀란타와 붙을 때 무리한 나머지 역전도 당하고 그랬지만, 어쨌든 애리조나는 그때 우승을 차지했다. 이러면 양키스는 애리조나 선수 출신에게는 안 좋은 기억이 있을 것이다. 김병현 선수가 자유계약으로 풀렸을 때 보스턴이 바로 계약을 하여 양키스전에 바로 출장을 시켰고, 그때 김병현은 깔끔하게 경기를 마무리했다. 이런 식으로 서로가 상대 팀에게 안 좋은 징크스 같은 기억을 주는 일을 한다.

이 두 팀의 라이벌 관계에서 항상 등장하는 단골손님은 베이비 루스를 팔게 된 사건이다. 1919년 보스턴 구단주는 베이비 루스를 양키스로 팔아넘긴다. 그때 이후로 양키스는 베이비 루스의 활약에 힘입어 여러 번 우승을 하게 된다. 베이비 루스가 얼마나 대단한 선수였냐면, 2018년도에 나타난 괴물 이도류(일본 검술에서 양손에 하나씩 무기를 들고 싸우는 방식으로 야구에서 투수와 타자를 겸업하

는 선수) 투수인 쇼헤이 오타니가 실패한 선발 10승 타자로 10홈런을 동시에 기록한 유일한 선수이다. 어쨌든 이때 베이비 루스를 팔고 보스턴은 86년간 우승을 한 번도 못한 팀으로 전락을 한다. 항상 결승까지는 나가지만, 불가사의한 일로 실패하고 우승을 못하게 되자 사람들이 이것을 밤비노 저주라고 한다. 밤비노는 베이비 루스의 별명으로써 자신을 팔아넘긴 것을 저주하여 붙여진 저주라는 것이다. 이 저주는 2004년에 겨우 깨졌으며, 재미있게도 보스턴 선수이자 4번 타자인 매니 라미레즈가 친 홈런 공에 예전 베이비 루스 집에 살고 있던 소년이 공에 맞아 앞이빨이 부러지는 일이 있었다. 그해에 보스턴은 저주를 깨고 우승을 하게 된다.

이 두 도시의 경기는 책으로도 판매되며 미국 지역사회에서도 누구나 다 알고 있는 전통적인 라이벌 전이다. 감히 비교하자면 어린이날 엘지 트윈스와 두산 베어스의 라이벌전 같다고 할 수 있겠지만, 솔직히 역사, 실력 여러 면에서 엄청난 차이가 많이 나는 무리한 비유이겠다.

영화에서 그랜트가 이 두 팀의 경기를 보러 간다고 하는데, 이들의 경기는 그 지역 사람이 아니더라도, 누구나 보고 싶을 정도로 인기가 많은 경기이다. 대체적으로 야구는 야구 전용 채널에서 돈을 주고 봐야 하는데 이 둘의 라이벌전은 일반 스포츠 방송사에서 주로 방영을 한다. 시청률이 매우 높게 나오기 때문에 큰 수익을 벌어들일 수 있기 때문이다. 이 두 팀의 경우 리빌딩(야구, 농구, 축구 등의 스포츠에서 팀의 전력 보강을 위해 기존 선수를 방출하거나 새로운 선수를 기용하는 용어)이란 말이 무색할 정도로 선수도 엄청 많이 사오고 해서 특별히 못하는 연도를 찾기가 힘들다. 야구라고 하면 미식축구와 함께 미국을 대표하는 스포츠인데, 이 두 팀은 미국의 야구를 대표하는 팀이라고 봐야 할 것이다.

Chapter 9

마법이 풀리다

The Spell is Broken

시간 01:19:06~01:32:15

Renee opens her eyes. She's lying in the shower in her clothes, the water is running with blood running down the side of her face from a gash on her forehead.

Disoriented and in pain. She slowly stands up, turns off the shower, pushes open the door and staggers out of the shower to the bed where she picks up her phone and checks it.

RENEE: (to herself) Oh shit. Oh shit.

Renee walks through the hotel lobby dressed in the same track pants and sweater she was wearing in the shower. She still has blood on her face. Her yellow bag is slung across her shoulder. She walks awkwardly as if she is still in a daze and looks around trying to find someone. She walks up to Mason.

MASON: (concerned) Renee. Whoa, are you okay?

RENEE: (touching the side of her head with the blood) Yeah, never better. I'm looking for Avery LeClaire, I'm supposed to meet her down here, but I'm really late. Have you seen her?

르네가 눈을 뜬다. 샤워실에 옷을 입고 누워 있다. 물이 흐르고 있고 이마에 난 상처에서 한 쪽 얼굴로 피가 흘러 내린다.

아파서 휘청거리며, 천천히 일어나서 샤워기를 끄고 문을 연다. 샤워실 밖으로 비틀거리면서 나가서 침대에서 핸드폰을 들어 확인한다.

르네: (혼잣말로) 젠장, 젠장.

르네가 샤워실에서 입었던 것과 같은 추리닝 바지와 스웨터를 입고 호텔 로비를 지나간다. 여전히 얼굴에 피가 묻어 있다. 그녀의 노란 가방이 어깨에 매여 있다. 아직도 어지러운 것처럼 걸음걸이가 이상하다. 누군가를 찾으려는 듯 주변을 둘러본다. 메이슨에게 다가간다.

메이슨: (걱정스러운 듯) 르네, 이런, 괜찮아요?

르네: (피가 나는 쪽의 머리를 만지면서) 네, 최고예요. 여기서 르클레어 대표님을 만나기로 했는데, 좀 늦어가지고. 혹시 봤어요?

- **gash**
  깊은 상처
- **disoriented**
  혼란에 빠진, 방향 감각을 잃은
- **stagger**
  비틀거리다, 휘청거리다
- **sling**
  매다, 걸다
- **in a daze**
  어리둥절한[혼란스러운] 상태인

MASON: (solicitous) You've got blood spurting out of your head.

RENEE: (speaking as if it is not important) Oh yeah, it really hurts. What are you doing here?

MASON: I'm just getting ready for the Target Pitch tomorrow. They want me to do some AV stuff.

RENEE: (worried) Wait a minute. You recognize me?

MASON: Yeah.

RENEE: You recognize me right now, no problem.

MASON: (deadpan) Yeah, I mean the blood threw me a little but...

RENEE: (now really concerned) Oh my God, I knew I felt different. Oh my God... Please let it not be gone. (She walks slowly towards a full-length mirror, eyes closed, whispering to herself.) Please God. Please. Please. Please. (She stands in front of the mirror and dares to open her eyes to look at herself.) No. No. (Shaking her head slowly, she is aghast. Mason looks on, uncomprehending.) No. No! It' s gone! It's gone! I said... I said who are you into the foggy mirror, and I hit my head. I must' ve broken the spell. And it' s gone! (She looks back in the mirror, berating herself in anguish.) I knew, I knew it couldn't last! Why would that last? You're so stupid Renee!

MASON: (He has no idea what is going on.) What's wrong with you?

RENEE: I'm back to being me! Okay. (Renee recovers herself, steps back and gives Mason the iPad.) I need you to give this to Avery LeClaire. It has everything she needs for the presentation. She's going to think she can't do it, but she can.

메이슨: (걱정하면서) 지금 당신 머리에서 피나요.

르네: (피나는 건 중요하지 않은 것처럼 말하면서) 그러게, 아파 죽겠네. 여긴 어쩐 일이에요?

메이슨: 내일 있을 할인점 미팅 준비하고 있었어요. 영상을 만들라고 해서요.

르네: (걱정스럽게) 잠깐만요. 저 알아 보겠어요?

메이슨: 네.

르네: 정말 저를 알아보는 데 문제 없어요?

메이슨: (무표정하게) 네, 피 때문에 놀라긴 했지만..

르네: (진짜로 큰일났다는 듯) 세상에, 어쩐지 다르더라니. 안 돼… 제발 사라지지 않게 해주세요. (천천히 전신 거울로 걸어간다. 눈을 감고 혼자 속삭인다.) 하나님 제발. 제발. 제발. 제발.(거울 앞에서서 자신의 모습을 보려고 용기내 눈을 뜬다.)안 돼. 안 돼. (얼이 빠진 채 천천히 고개를 가로 젓는다. 메이슨이 이해하지 못한 채 쳐다보고 있다.) 안 돼. 안 돼! 사라졌어요! 사라졌다고요!. 김 서린 거울에 비친 날 보고 대체 넌 누구냐고 묻고는 머리를 부딪혔어요. 마법이 풀렸나 봐요. 다 사라졌어! (다시 거울을 보고 괴로워하며 스스로를 질책한다.) 물론 영원하지 않을 준 알았지만! 어떻게 영원 하겠어? 멍청한 르네!

메이슨: (무슨 상황인지 알 수가 없다.) 도대체 무슨 일이에요?

르네: 다시 나로 돌아왔잖아요! 됐어요. (감정을 추스르고 뒤로 물러서서 메이슨에게 아이패드를 넘긴다.) 이것 좀 대표님한테 전해주세요. 발표에 필요한 건 다 있어요. 자신 없다고 하시겠지만, 할 수 있을 거예요.

- solicitous
  세심히 배려하는
  =worried, mindful, anxious
- spurt
  뿜어져 나오다, 분출하다
- deadpan
  진지한 표정의, 무표정한
- aghast
  경악한, 겁에 질린
- foggy
  안개가 낀
- berate
  질책하다
  =criticize, scold, reprimand
- in anguish
  괴로운 나머지, 괴로워
- recover oneself
  마음이 진정되다, 제정신이 들다

I'm just getting ready for the Target Pitch tomorrow.
'I get ready'는 보통 하고 있는 일을 의미하지만 'I'm getting ready'는 지금 상황에서 하고 있는 일을 나타낸다.
- pitch (물건을 팔거나 사람을 설득하기 위해 하는) 권유, 홍보

Zoom In

I'm just getting ready for the Target Pitch tomorrow.

내일 있을 할인점 미팅 준비하고 있었어요.

MASON: Why? Aren't you going to do it?

RENEE: I wish I could be there. But I can't. Will you tell her?

MASON: Okay.

RENEE: Okay.

Renee is at the airport, standing in line to buy a ticket, then slowly ascending an escalator. She is still in the same clothes as before.

ANNOUNCEMENT: (out loud) Flight 1116 to New York is now boarding at C-17.

RENEE'S APARTMENT.

Renee walks up to the mirror in her apartment and looks up at herself sadly. Then we see her sleeping on the sofa, still in her track pants and sweater with the gash on her forehead untreated, snoring softly. The phone rings and she checks to see who it is.

Caller ID says AVERY. She swipes her phone and sees that Avery has called numerous times.

RENEE: (to herself) Oh no.

AVERY VOICE MAIL: Renee, I did the pitch, I did it just like you said, but coming from me...it just didn't sound right. Now we're doing this giant launch event to show everyone how great the line is and we need you. Call me!

Her computer beeps. She puts down the empty wine bottle and chip bag she was holding and checks the screen to see Ethan is making a video call to her.

ETHAN: (skype) Hey you're home! (As soon as his image comes up on the screen, she ducks down to avoid being seen.) Oh shit, hello? Are you okay, what just happened?

메이슨: 왜요? 당신이 하는 거 아니에요?

르네: 나도 하고 싶어요. 근데 전 지금 할 수가 없어요. 대표님께 그렇게 전해줄래요?

메이슨: 알았어요.

르네: 그래요.

르네는 공항에서 티켓을 사려고 줄을 서 있다. 천천히 에스컬레이터를 타고 올라가고 있다. 여전히 똑 같은 옷을 입고 있다.

안내방송: (크게) 뉴욕행 항공편 1116이 C-17에서 탑승 중입니다.

르네의 아파트.
르네가 집에 있는 거울로 다가가시 슬피히며 지신을 쳐다본다. 그리고 나서 르네가 소파에서 자고 있는 게 보인다. 이마의 상처도 치료하지 않은 채 여전히 추리닝 바지와 스웨터를 입고 있다. 작게 코를 골고 있다. 핸드폰이 울리고 누구인지 확인한다. 발신자는 에이버리이다. 핸드폰 화면을 밀어 넘기자 에이버리가 수 차례 전화한 게 보인다.

르네: (혼잣말로) 안 돼.

에이버리 음성 메세지: 르네, 내가 발표했어. 자기가 알려 준 대로 했는데, 내가 하니까… 설득력이 없는 거 같아. 이제는 모두에게 이번 라인을 소개하는 정말 중요한 론칭 이벤트를 해야 하는데 자기가 필요해. 전화 줘!

컴퓨터에서 알림 소리가 난다. 들고 있던 빈 와인 병과 과자 봉지를 내려 놓고 화면을 확인한다. 이든이 화상 통화를 걸고 있다.

이든: (스카이프로) 집에 있었네요! (이든의 영상이 스크린에 나오자마자 화면에 잡히지 않으려고 몸을 확 숙인다.) 이런, 여보세요? 괜찮아요? 무슨 일이에요?

- **ascend**
  오르다, 올라가다
- **snore**
  코를 골다
- **swipe**
  후려치다, 스크린을 넘기다
  to move your finger over the screen of a mobile phone or tablet in order to move onto the next page, choose something
- **duck**
  휙 수그리다

Flight 1116 to New York is now boarding at C-17.
〈공항에서 쓰이는 영어〉 departure 출발, arrival 도착, boarding 탑승, domestic 국내선, international 국제선, flight transfer 비행기 환승, baggage claim 수하물 찾기, immigration 입국심사

Zoom In

Flight 1116 to New York is now boarding at C-17.

뉴욕행 항공편 1116이 C-17에서 탑승 중입니다.

RENEE : (skype) (Looking up over the edge of the table from where she is hiding) Um...I... (Trying to think of an excuse.) My back. I broke it.

ETHAN: Just now?

RENEE: No, no, no. At the air... plane.

ETHAN: Well that sucks. What if I come over and take care of you?

RENEE: (eyes wide in alarm) No. No. No. No.

ETHAN: (dubious) Okay...

RENEE: They're spraying...for ants.

ETHAN: Oh well then Renee, you shouldn't be there anyway. That's horrible. That's like poison stuff. I'll come get you.

RENEE: (emphatic) No. I really want to be here for the ant removal. I don't want them to remove the ones I like. And I don't really look my best right now. So I...

ETHAN: Obviously I don't believe that. I think you look great all the time. (suddenly inspired) How about this Saturday night, I'll take you out. You're probably going to be recovered by then, right?

RENEE: Uhuh. Yes.

ETHAN: Okay. (sincerely) I miss you.

RENEE: I miss you too.

ETHAN: Oh. It seems like you're... standing right there. Is your back alright now?

RENEE: (Feigning as if she is in pain.) No.

ETHAN: It looks like you had gotten...

RENEE: No. That's a coincidence.

르네: (스카이프로) (숨어서 책상 끝 너머로 올려다보며) 그게.. (핑계 거리를 생각하며) 허리요. 허리를 삐끗해서요.

이든: 지금요?

르네: 아니요. 그게 그러니까… 비행기에서요.

이든: 큰일이네요. 내가 가서 돌봐줄까요?

르네: (놀라서 눈이 커진다.) 아뇨, 정말 그럴 필요 없어요. 됐어요.

이든: (미심쩍어 하며) 알았어요.

르네: 개미 잡으려고 약을 뿌려놔서요.

이든: 르네, 그럼 당신도 거기 있으면 안되죠. 큰일나요. 약이 얼마나 독한데. 내가 데리러 갈게요.

르네: (단호하게) 아니에요. 개미 죽는 거 봐야 해요. 내가 아끼는 개미들은 죽으면 안되거든요. 그리고 지금 몰골이 말이 아니라서요. 그래서…

이든: 그 말만은 절대 못 믿겠는데요. 당신 언제나 예쁘잖아요. (갑자기 생각났다는 듯) 이번주 토요일은 어때요? 데리러 갈게요. 그때까진 낫겠죠? 그렇죠?

르네: 음, 그럴 거 같아요.

이든: 알았어요. (진심을 담아) 보고 싶어요.

르네: 나도요.

이든: 지금… 일어 선 거 같은데. 이제 허리 괜찮아요?

르네: (아픈 척 하면서) 아니요.

이든: 방금 보기에는..

르네: 아뇨. 우연이에요.

- excuse
  변명, 이유
- emphatic
  강한, 단호한
- inspired
  영감을 받은
- coincidence
  우연의 일치

What if I come over and take care of you?
'what if~?'는 '~라면 어쩌지[어떨까]?'라는 표현으로 과거에 이러했더라면 현재 어떻게 되었을까 하는 가정의 상황이나 제안을 하는 상황에서 사용된다.

Zoom In

What if I come over and take care of you?

내가 가서 돌봐줄까요?

She reaches up without looking to close the computer screen.

ETHAN: Don't rush this...

RENEE: Cause I'm not up.

Renee sits back down with the empty wine bottle. She puts it to her lips.

IN THE SUPERMARKET.
Renee is standing in line at the checkout. She stops to drink from a can in a brown paper bag. A young woman stops behind her. In front of her, an older man with a basket full of groceries leans over and looks back at the young woman behind Renee.

OLDER MAN: (to woman) Darling, if all you have is a pack of gum, please.

RENEE: (to the man–her speech sounds slurred) Wait! Why her? What about me? I'm standing right here. All I have is this cookie! Is it because she's so beautiful?

OLDER MAN: (apologetically to Renee) I didn't even see you in line.

RENEE: (sarcastically to the man) Yeah right. You probably have all these cookies at your house from all the 20-year-olds that you bang! (The man looks annoyed.) And you don't even deserve it! They just want your money, so now you know that.

Another older man walks up to the man and places his arm around his shoulder.

PARTNER: (to man) You found the gingko-biloba. You okay?

RENEE: I would like to apologize. I did not know your situation and it's very beautiful. You are two beautiful aging white men.

쳐다보지도 않고 손을 뻗어 컴퓨터 화면을 닫으려 한다.

이든: 그렇게 서두르지 말아요..

르네: 못 일어나요.

르네가 빈 와인 병을 들고 다시 앉는다. 그걸 입에 갖다댄다.

슈퍼마켓.
르네는 계산대에 줄을 서 있다. 멈춰서 갈색 종이 봉지에 싸인 캔을 마신다. 젊은 여성이 그녀의 뒤에 선다. 르네의 앞에 있는 중년 남성이 물건으로 가득 찬 바구니를 가지고 있다. 몸을 숙여 르네의 뒤에 있는 젊은 여성을 바라본다.

중년 남성: (여자에게) 아가씨, 껌 하나만 사실 거면 먼저 계산하세요.

르네: (남자에게—발음이 분명하지 않다) 잠깐만요! 왜 저 여자가 먼저예요? 저는요? 나도 여기 서 있었는데. 나도 쿠키만 사면 되거든요! 이 여자가 예뻐서 그런 거죠?

중년 남성: (르네에게 변명하듯이) 줄 서신 것도 못 봤어요.

르네: (남자에게 빈정대면서) 어련하시겠어요. 아마 당신과 잤던 20대 년들이 가져온 쿠키들이 집에 잔뜩 있겠죠! (남자는 불쾌해 보인다.) 근데 아저씨는 그 쿠키를 받아 먹을 자격도 없어요! 그 년들은 아저씨 돈만 노리는 거예요, 아시겠어요?

또 다른 중년 남성이 다가와 중년 남성에게 어깨동무를 한다.

파트너: (남자에게) 은행 열매 찾았네. 별 일 없었어?

르네: 제가 사과할게요. 제가 두 분 관계를 모르고 그랬어요. 참 좋아보이세요. 두 분은 정말 아름다운 노년의 백인 커플이시네요.

- checkout
  (슈퍼마켓의) 계산대
- grocery
  식료품 및 잡화
- slur
  불분명하게 발음하다
- sarcastically
  비꼬는 투로
- bang
  여자와 섹스를 하다
- gingko-biloba
  은행나무

I didn't even see you in line.
'even'은 예상하지도 못했거나 의외의 상황을 강조하는 표현이다.
• in line 일렬로, 줄을 선

Zoom In

I didn't even see you in line.

줄 서신 것도 못 봤어요.

OLDER MAN: Thank you.

Renee staggers through an entrance doorway into a wood-paneled hall-way, walks up a few steps, leans on a door and knocks. She peers through the door's peephole as the door opens. Vivian is standing at the door. She looks unimpressed to see Renee there.

RENEE: (in a pathetic voice to Vivian) I know... it's all gone. I brought you these cookies. They're covered in chocolate.

VIVIAN: (matter-of-factly to Renee) Okay, you're so drunk.

RENEE: (continuing in her pathetic voice) And there's a picture of a cat on safari.

VIVIAN: I know you just assume you can just drop by whenever you want because your loser friends have no plans. But we're about to go to an 'Escape the Room.'

She opens the door to show Jane and two of the guys from the bar.

RENEE: It's the Grouper Guys. Hey Groupers!

VIVIAN: Don't call them that.

RENEE: (to the man) Where's your scarf at? (to Vivian) I want to go to the room you pay to be locked in.

JANE: (to Renee) I don't really feel like being embarrassed or insulted tonight. So no.

RENEE: (almost crying) You don't want to go with me because I'm not pretty anymore.

중년 남성: 그렇게 말해줘서 고마워요.

르네는 비틀거리며 입구를 지나 나무 판넬로 된 복도를 걸어간다. 몇 걸음 걷다가 문에 기대 노크한다. 문에 있는 작은 구멍을 들여다보는 데 문이 열린다. 비비안이 문에 서 있다. 르네를 보는 게 유쾌한 것 같지 않다.

르네: (애처로운 목소리로 비비안에게) 그래.. 다 사라졌어. 쿠키 사 왔어. 초콜릿 쿠키야.

비비안: (르네에게 무심하게) 너 취했어.

르네: (계속 울 것 같은 목소리로) 사파리 고양이 사진도 있어.

비비안: 루저 친구들이라 한가할 거 같으니까 멋대로 찾아오는 선 알겠는데, 우리 '방탈출 카페' 가려고 했거든.

문을 열자 제인과 바에서 봤던 남자 두 명이 보인다.

르네: 그루퍼 친구들이네. 안녕 그루퍼들!

비비안: 저 사람들 그렇게 부르지 마.

르네: (남자에게) 그때 했던 스카프는 어쨌어요? (비비안에게) 나도 방탈출 카페 같이 가고 싶어.

제인: (르네에게) 오늘도 너 때문에 쪽팔리고 싶지 않아. 그러니까 오늘은 안 돼.

르네: (거의 울 듯이) 이제 내가 안 예쁘니까 같이 다니기 싫은거지.

- peer through
  ~사이로 들여다보다
- pathetic
  불쌍한, 애처로운
  =sad, heartbreaking, feeble, miserable, pitiful
- matter-of-factly
  무미건조하게, 사무적으로
- insulted
  모욕당한, 무시당한

We're about to go to an 'Escape the Room.'
'Escape the Room'은 방에 갇혀 추리하여 탈출을 목적으로 하는 놀이 공간으로 이야기 진행에 맞춰 단서를 찾아 탈출해야 한다. 미국이나 유럽에서 이벤트 형식으로 열리던 것이다.
• be about to 막 ~하려고 하다

Zoom In

We're about to go to an 'Escape the Room.'
우리 '방탈출 카페' 가려고 했거든.

VIVIAN: Look, why do you think everyone cares what you look like. Like we're your friends because you were fun and funny and kind. And then I don't know what happened.

RENEE: I could tell you what happened. All my wildest dreams came true and then it was gone.

JANE: Renee, will you just listen to yourself? Your wildest dream is that you were beautiful. That is so sad!

VIVIAN: Yeah, like we never gave a shit what you looked like.

RENEE: Guys, I just want us to go back to how we were before. Can't we just do that? Can't we just go back?

VIVIAN: No. And we have to go. So.

RENEE: All of us? We all can go?

VIVIAN: (emphatically shaking her head) No.

RENEE: Just us and not the guys?

VIVIAN: Absolutely not.

RENEE: Okay. Okay. I understand. Well I have my cell phone on if anybody changes their mind.

Renee is asleep in her bed. She's wearing a white t-shirt. The bed cover, a plain mauve duvet is crumpled up to her waist. Her phone, lying on the bed, signals a message has arrived, so she leans over to check it.

TEXT: ETHAN DINNER AT 8 DON'T BE LATE! MISS YOU, BEAUTIFUL.

She frowns, drops the phone, and flops back onto the bed.

비비안: 왜 전부 다 얼굴만 본다고 생각해? 우리가 너랑 친구인 이유는 네가 재미있고 유쾌하고, 다정해서야. 근데 왜 이렇게 된 건지 모르겠어.

르네: 어떻게 된 건지 난 알아. 내 꿈이 이루어졌다가 다 사라졌어.

제인: 르네. 정신 좀 차려. 네 꿈이 겨우 예뻐지는 거야? 그거 참 한심하다!

비비안: 그래, 네가 어떻게 생겼든 우린 상관없어.

르네: 난 그냥 예전의 우리처럼 지내고 싶어. 우리 그냥 그럴 수 없을까? 얘들아, 우리 예전으로 돌아가면 안 돼?

비비안: 돌아갈 수 없어. 그리고 우리 이제 나가야 해. 그러니까....

르네: 우리 다 같이 가면 안 돼? 남자애들이랑 다 같이 가면 되잖아?

비비안: (단호하게 고개를 저으면서) 안 돼.

르네: 그럼 남자들 빼고 우리 셋만 가는 건?

비비안: 절대 안 돼.

르네: 그래. 그래. 알았어. 전화 계속 켜둘 테니까 마음 바뀌면 언제든 전화 줘.

르네는 침대에 누워 자고 있다. 하얀색 티셔츠를 입고 있다. 평범한 연보라색 이불이 허리쯤에 뭉쳐 구겨져 있다. 침대에 놓여 있는 핸드폰에서 메시지가 왔다는 알림이 울린다. 르네는 몸을 기울여 핸드폰을 확인한다.

문자: 이든. 8시 저녁 늦지 말아요! 보고 싶어요, 내 사랑.

얼굴을 찌푸리고 핸드폰을 떨구며 다시 침대에 눕는다.

- give a shit
  신경을 쓰다
  To care what someone else thinks or does
- mauve
  연보라색
- duvet
  (솜, 깃털 등의 속을 넣는) 이불
- crumple
  구기다, 구겨지다
- frown
  얼굴을 찌푸리다

I have my cell phone on if anybody changes their mind.
'anybody'는 단수 취급하지만 'anybody' 뒤에 'they[them, their]'과 같은 복수 대명사가 나오면 남성과 여성 모두를 뜻하기 위해 사용된다.

Zoom In

I have my cell phone on if anybody changes their mind.

전화 계속 켜둘 테니까 마음 바뀌면 언제든 전화 줘.

ENTRANCE TO A RESTAURANT/BAR.

Renee enters in an off-the-shoulder black and white striped sweater. As she enters two men walk out the door.

RENEE: (to the men walking out) I'm sorry. Sorry.

She steps in and looks nervously around, then walks towards the table where people are eating. She sees Ethan sitting by himself, stops and looks as if she's assessing the situation. Ethan suddenly looks across to where she is standing and she ducks down so he won't see her. She duck-walks towards a set of low stairs and falls down the stairs. A passing man helps her up. She sits down at the bar and starts talking. A woman is sitting next to her. The woman looks at Renee as if she is crazy.

RENEE: Sorry. Sorry. What am I even worried about, there's not way he's going to recognize me.

She turns and glances at Ethan, who is sitting directly behind her. When she sees that he is looking at her, she quickly turns to face the bar, then slowly turns her head to look at him again. Ethan opens his hands in a questioning gesture and Renee turns back to the bar. She types a message on her phone and sends it to him. Ethan reads the message: "Still stuck at work. If you wanna bail, totally get it." He considers what it could mean, then causally picks up his drink and starts walking towards Renee.

ETHAN: (He whispers into her ear.) Are you here alone?

RENEE: (flummoxed and speaking in an unnaturally high tone) No... Yes. Technically. But I'm meeting my boyfriend.

ETHAN: Oh right. Okay. Of course. Well, how about, I buy you a drink while you wait?

RENEE: (in a fake British accent) No, I really shouldn't.

식당/바의 입구.
검정색과 하얀색 줄무늬로 된 오프 더 숄더 스웨터를 입은 르네가 들어간다. 그녀가 들어갈 때 남자 두 명이 나가려 한다.

르네: (나가는 남자들에게) 죄송합니다. 죄송해요.

안으로 들어가 긴장한 채 주변을 둘러보고 나서 사람들이 식사를 하고 있는 테이블 쪽으로 걸어간다. 이든이 혼자 앉아 있는 걸 보고 멈춰 서서 상황을 살피려는 것처럼 바라본다. 이든이 갑자기 자신이 서 있는 쪽을 보자 르네는 눈에 띄지 않으려고 고개를 숙인다. 오리 걸음으로 낮은 계단을 걸어 내려가다가 넘어진다. 지나가던 남자가 르네를 도와 일으켜준다. 바에 앉아서 말하기 시작한다. 한 여생이 르네의 옆에 앉아 있다. 르네를 미친 사람 보듯이 쳐다본다.

르네: 죄송해요, 죄송해요. 뭐가 걱정돼서 이러나 몰라요. 어차피 알아보지도 못할 텐데.

몸을 돌려 바로 뒤에 앉아 있는 이든을 본다. 그가 자신을 바라본다는 걸 알고 빠르게 바를 향해 몸을 돌린다. 그리고 나서 다시 이든을 보려고 천천히 고개를 돌린다. 이든은 왜 그러냐는 듯이 손을 벌린다. 르네가 다시 바로 몸을 돌린다. 그녀는 핸드폰으로 문자를 쳐서 이든에게 보낸다. 이든은 메시지를 읽는다. "아직 일하고 있어요. 그만두고 싶다 해도 충분히 이해해요" 무슨 뜻인지 고민하다가 음료수를 들고 르네에게 다가가기 시작한다.

이든: (이든이 르네의 귀에 속삭인다.) 혼자 왔어요?

르네: (당황해서 자연스럽지 않은 하이톤으로 말하며) 아뇨… 정확히 말하면 혼자 왔지만 곧 남자친구가 올 거예요.

이든: (르네에게 맞장구치며) 그렇군요. 그렇겠죠. 그럼, 기다리시는 동안 한 잔 사도 될까요?

르네: (영국 발음을 흉내 내면서) 아니요, 절대로 그러지 마세요.

- duck-walk
  오리걸음으로 걷다
- flummox
  당황하게 만들다

How about, I buy you a drink while you wait?
'how about'은 '~하는 건 어때?'라는 권유의 의미를 가지고 뒤에 명사/동명사/문장이 올 수 있다.

Zoom In

How about, I buy you a drink while you wait?

기다리시는 동안 한 잔 사도 될까요?

ETHAN: (playing along by also speaking in a British accent) Well why not? Just killin' time you're waitin' for your boyfriend. I'm waitin' for my girlfriend.

RENEE: (in her natural speaking voice) Your girlfriend? Did you say... that she's your girlfriend?

ETHAN: (looking directly at her, speaking slowly and honestly) I did say that. And I hope that's okay.

RENEE: No, I'm sure she like... loves it. But what um... What's she like? Like... Your girlfriend? That's your girlfriend?

ETHAN: She is pretty amazing. Funny and smart. And the most beautiful girl in the world. And here I am, how did I get this lady. And I did.

RENEE: I can't.

She takes her purse from the counter and gets up to leave.

RENEE : Excuse me.

Renee runs up the stairs and leaves. Immediately, Ethan's phone rings.

ETHAN: (phone) Hey?

RENEE: (phone) (Standing out on the street) Hey, um... I'm sorry. I'm not going to be able to make it tonight. Um...I can't do this.

ETHAN: (phone) (at a loss) I don't know what we're doing.

이든: (똑같이 영국 발음으로 말하며 맞춰준다.) 왜 안되죠? 남자친구 기다리는 동안 시간이나 때우면 좋잖아요. 실은 저도 여자친구 기다리고 있거든요.

르네: (원래 자신의 목소리로) 여자친구요? 지금 여자친구라고 한 거예요?

이든: (르네를 똑바로 바라보고 천천히 그리고 진실되게 말한다.) 그렇게 말했죠. 그리고 내 여자친구도 그렇게 알고 있으면 좋겠는데.

르네: 그 여자도 뷰명 좋아할 거예요. 근데.. 음.. 어떤 여자예요? 당신 여자친구요. 여자친구 맞죠?

이든: 정말 놀라운 사람이에요. 재미있고 똑똑하고. 세상에서 제일 예쁜 여자에요. 내가 어떻게 이렇게 멋진 사람을 얻게 된 건지는 모르겠지만 만나게 됐죠.

르네: 더는 못하겠어요.

바 테이블에서 지갑을 들고 나가려고 일어선다.

르네: 정말 미안해요.

르네가 계단을 뛰어 올라가며 떠난다. 바로 이든의 핸드폰이 울린다.

이든: (전화로) 여보세요?

르네: (전화로) (길거리에 나와서) 나예요, 저기… 미안해요. 오늘 못 갈 거 같아요. 그게… 못 하겠어요.

이든: (전화로)(뭘 해야할지 모르겠다는 듯 당혹하여.) 도대체 난 지금 이게 무슨 일인지 모르겠어요.

- purse
  지갑
- immediately
  즉시, 바로
- at a loss
  어쩔 줄을 모르는

I'm not going to be able to make it tonight.
be going to는 미래 상황을 말할 때 사용하고, be able to는 가능 여부를 말할 때 사용한다.
• make it 시간 맞춰 가다, 참석하다

Zoom In

I'm not going to be able to make it tonight.
오늘 못 갈 거 같아요.

RENEE: (phone) (weakly) You, me, any of it. I can' t do it. I'm sorry.

ETHAN: (phone) Okay, wait. Hold on. I didn' t mean to freak you out, I'm sorry. I really thought we were just having fun.

RENEE: (phone) No, we were having fun. That's not it. Um... I ah... I don't know what to say to you. (starting to cry) It' s over.

ETHAN: (phone) Well look you don' t have to... Don't... Let's not do it over the phone. Wherever you are, I'll come and meet you. And let' s talk.

RENEE: (phone) No. No. No. You can't come where I am.

ETHAN: (phone) Why?

RENEE: (phone) You can't see me anymore. I'm not who you think I am.

ETHAN: (phone) And that's it? I think...I think I deserve better than that.

RENEE: (phone) You deserve much better than this. You deserve much better than me. I' m sorry.

She hangs up and starts to walk away. Ethan looks down at his phone, not sure what's going on. Renee joins the throngs of people walking along the street, head hanging, looking miserable. She stops when she sees the Lily Le Claire building and looks up at it, closing her eyes as if in pain. Then she opens her eyes and, with suddenly renewed resolve, she turns to walk down the stairs at the entrance to the subway.

르네: (전화로) (힘없이) 당신이랑 저요. 안 되겠어요. 미안해요.

이든: (전화로) 잠깐만요. 기다려요. 절대 놀래키려 한 게 아니었어요, 미안해요. 난 우리가 좋은 시간을 보내고 있다고 생각했는데.

르네: (전화로) 맞아요. 즐거운 시간이긴 했지만, 문제는 그게 아니에요. 난.. 지금 당신에게 뭐라고 해야할지 모르겠어요. (울기 시작한다.) 다 끝났어요.

이든: (전화로) 이러지 말아요. 전화로 끝내지 말아요. 어디 있든, 내가 만나러 갈게요. 만나서 얘기해요.

르네: (전화로) 아니, 안 돼요. 오면 안 돼요.

이든: (전화로) 왜 안 된단 거예요?

르네: (전화로) 이젠 날 못 알아볼 거예요. 당신이 생각하는 사람이 아니라고요.

이든: (전화로) 그냥 그러고 말면 다 끝나는 거예요? 적어도 내가 그 이상은 되는 사람이라고 생각하는데요.

르네: 당신은 그보다 훨씬 더 나은 사람이죠. 나한테 너무 과분한 사람이에요. 정말 미안해요.

르네는 전화를 끊고 떠난다. 이든은 무슨 상황인지 몰라서 핸드폰을 내려다본다. 르네는 고개를 숙이고 절망한 표정으로 사람들 사이에 섞여 거리를 걷는다. 릴리 르클레어 건물이 보이자 멈춰서 올려다본다. 고통스럽다는 듯 눈을 감는다. 그러고 나서 눈을 뜨고 갑자기 새로운 듯 다짐을 하며 돌아서서 지하철 입구의 계단을 내려간다.

- **hold on**
  잠깐, 기다려, 멈춰
- **deserve**
  ~을 받을 만하다
- **hang up**
  전화를 끊다
- **throng**
  인파, 군중
- **hang one's head**
  기가 죽다, 낙담하다, 고개를 숙이다
- **resolve**
  결심, 의지

Let's not do it over the phone.
'let's'는 'let us'의 축약형이다. 명령문의 형태이지만 '우리'가 하는 것이기 때문에 명령보다는 권유를 하는 표현이다.

Zoom In

Let's not do it over the phone.

전화로 이러지 말아요.

Chapter 10

진정한 르네

The Real Renee

시간 01:32:16~01:50:52

BACK AT THE SOUL CYCLE.
Renee, in her exercise clothes, a pink halter-top, bounces up to the counter.

WOMAN: (to Tasha) Hey.

Renee pushes in front of another young woman, jumping the queue.

RENEE: (to woman) I'm sorry. I'm so sorry.

RENEE: (to Tasha) Hi.

RENEE: Hi. It's me.

TASHA: (to Renee) I know.

Renee picks up a pen and starts filling out a form. The woman she displaced stands behind her, looking outraged.

RENEE: I really need bike 34.

TASHA: Oh um...

RENEE: (full of positivity) I need to recreate the magic of that last class.

다시 소울 싸이클.
핑크색 홀터 탑의 운동복을 입은 르네가 폴짝 폴짝 뛰어서 카운터로 간다.

여자: (타샤에게) 안녕하세요.

르네가 다른 젊은 여성의 앞으로 새치기를 하며 끼어든다.

르네: (여자에게) 죄송해요. 죄송해요.

르네: (타샤에게) 저기요.

르네: 안녕하세요. 저예요.

타샤: (르네에게) 알아요.

르네가 펜을 들고 서류를 쓰기 시작한다. 새치기 당한 여성이 화난 표정으로 뒤에 서 있다.

르네: 34번 사이클 부탁해요.

타샤: 글쎄, 그게…

르네: (적극적으로) 저번 수업의 마법이 다시 이루어져야 해요.

- **jump the queue** 새치기하다 =cut in line
- **displace** 대치하다, 바꾸어놓다
- **outrage** 격분하게 만들다

TASHA: (deadpan) Oh we would like it if you don't recreate that.

RENEE: I'll be fine. I just really–really need it.

TASHA: Okay.

INSIDE THE BICYCLE ROOM.

The room is packed with people, mostly young women, pedaling vigorously. Luna walks up and down between the rows of exercise bikes.

LUNA: (out loud) Wake up Soho, you ready! This is your ride! (Renee adjusts the seat.) This is your time! Reach inside your pelvis core engaged! (smiling, Renee starts pedaling.) I want you to set a new tension for this ride!

RENEE: (out loud) I got one!

LUNA: (out loud) If your intention was for change. The change is already here. Your miracles are already here.

RENEE: Yes it is!

LUNA: (out loud) Today you're going to see that person that you've always wanted to be! Change your mind! Change your body! Change your life! Are you ready!

RENEE: Yeah!

LUNA: (out loud) Here we go! In 3...2–1! Up!

As one, all the women rise up off their bike seats and start pedaling furiously from a standing position. Renee joins them, hoping for a repeat of the previous time, but nothing happens and her expression changes to disappointment.

타샤: (정색하며) 지난번처럼 다치는 그런 일은 다시 없었으면 좋겠는데요.

르네: 이번에는 괜찮을 거예요. 제가 그 마법이 정말 정말 필요해서 그래요.

타샤: 알았어요

사이클룸.
체육관은 사람들로 가득하다. 대부분 젊은 여성들로 힘차게 페달을 밟고 있다. 루나는 줄 지어 있는 자전거 사이를 왔다 갔다 한다.

루나: (크게) 시작하죠 소호, 준비 됐나요 여러분의 운농이고! (르네가 의자를 조정한다.) 여러분의 시간이에요! 골반의 안쪽까지 닿도록 잘 앉아주세요! (미소를 지으면서 르네가 페달을 밟기 시작한다.) 사이클로 새로운 긴장감을 느껴보세요!

르네: (크게) 준비 됐어요!

루나: (크게) 달라지고 싶다면, 이미 시작되었습니다. 기적은 이미 여기 있어요.

르네: 맞아요!

루나: (크게) 오늘 여러분이 늘 원하던 모습을 보게 될 거예요. 마음을 바꾸고! 몸을 바꾸고! 인생을 바꿉시다! 준비 됐죠?

르네: (크게) 네!

루나: (크게) 이제 갑시다! 셋, 둘, 하나! 달려요!

하나 같이 모두 사이클 안장에서 일어나 그 자세로 힘차게 페달을 밟기 시작한다. 르네가 함께하며 이전에 있었던 일이 반복되길 바란다. 그러나 아무 일도 일어나지 않고 실망스러운 표정으로 바뀐다.

- tension
  긴장
- furiously
  맹렬히, 힘차게
  =strenuously, vigorously
- disappointment
  실망, 낙심

We would like it if you don't recreate that.
'would like'는 'want'와 같은 의미이지만 'would like'는 요청이나 바람을 나타낼 때 주로 쓰이고, 'want'는 직접적이고 확실한 사실을 나타낼 때 주로 쓰인다.

Zoom In

We would like it if you don't recreate that.
지난번처럼 다치는 그런 일은 다시 없었으면 좋겠는데요.

IN THE CHANGING ROOM.

Renee sits somberly by herself. She hears someone sobbing and walks over to see Mallory clutching her phone with both hands, crying.

RENEE: (to Mallory) Hey. You okay?

MALLORY: Yeah. I just... Sorry. Going through a rough break up. So...

RENEE: (pulling up her sleeves) I bet guys can be pretty mean when you break up with them, right.

MALLORY: Or when they break up with you for being a real freakin' person.

RENEE: Wait, hang on. The acoustics in here are weird. It sounds like you are saying you got dumped. (Mallory looks down.) Someone said to you, I don't want to see you anymore. Ever again. I don't want to have sex with you again. Somebody has told you... you got dumped?

MALLORY: (looking at Renee, imploringly) Can you stop saying dumped.

RENEE: Of course, I'm sorry. I...I just assumed that you wouldn't have to deal with stuff like that.

MALLORY: What? Cause of my body. Or something like...

RENEE: Yeah. Your body, your whole head. Do you have every rib that I have? Everything really worked out for you. Where even are your organs.

MALLORY: It's tough being really insecure, so it's nice to hear.

탈의실.
르네가 혼자 침울하게 앉아 있다. 훌쩍이는 소리를 듣고 가보니 맬러리가 두 손으로 핸드폰을 쥐고 울고 있다.

르네: (맬러리에게) 저기요. 괜찮아요?

맬러리: 네. 그냥.. 죄송해요. 안 좋게 헤어지는 중이라서요. 그래서…

르네: (소매를 올리면서) 남자들은 헤어지자고 하면 못되게 굴죠.

맬러리: 자기들이 헤어지자 하면서도 그런 식으로 굴어요.

르네: 잠깐만요. 탈의실 소리가 시끄러워서 잘못 들은 거 같은데, 마치 당신이 차였다고 말하는 걸로 들리네요. (맬러리가 고개를 숙인다.) 어느 놈이 당신에게 다신 보지 말자고 했다고요? 감히 다시 보진 말자고? 섹스도 다신 하지 말고? 대체 어떤 사람이 당신한테 그 따위 말을.. 당신이 차였다고요?

맬러리: (르네를 쳐다보면서 사정하듯이) 차였다는 말 좀 그만해요.

르네: 네, 미안해요. 나는 그냥 당신이라면 이런 일 절대 안 당할거라고 생각했거든요.

맬러리: 왜 그렇게 생각하죠? 몸 때문에요? 아니면 다른 뭐가..

르네: 네. 몸이고 얼굴이고 전부 다요. 저랑 갈비뼈 숫자 같은 거 맞아요? 모든 게 완벽하잖아요. 장기가 다 있긴 해요?

맬러리: 자신감이 없어서 문젠데, 말이라도 고맙네요.

- somberly
  음침하게, 침울하게
- go through
  ~을 겪다
- mean
  못된, 심술궂은
  =hostile, rude, dirty, evil, malicious, nasty
- acoustics
  음향 시설
- dump
  (애인을) 차다
- rib
  갈비뼈
- insecure
  자신이 없는, 불안정한

Can you stop saying dumped.
이 문장에서처럼 'stop' 뒤에 '-ing'의 형태가 오면 '~하던 일을 멈추다[그만하다]'라는 의미로 사용되지만, 'to do'의 형태가 오면 '~하기 위해 하던 것을 멈추다'라는 의미로 사용된다.

Zoom In

Can you stop saying dumped.
차였다는 말 좀 그만해요.

RENEE: (in emphatic disbelief) Shut up, forever. What?

MALLORY: No, I'm serious. like it's an issue. I struggle with self-esteem.

RENEE: I want to punch you in your dumb face right now.

MALLORY: Okay. That's the kind of comment... that I like... that's what causes my insecurity. Dumb. It's like... It's like a trigger word.

RENEE: I'm sorry I said that, it's just...you getting dumped is making me feel like I might be okay.

MALLORY: (starting to lighten) Randomly it's making me feel better too.

RENEE: Okay, that's good. Oh my gosh.

MALLORY: But um, I have to actually go. I have a go-see at Lily LeClaire.

She turns to reach into her bag.

RENEE: (dumbstruck) Lily LeClaire?

MALLORY: Yeah.

RENEE: For what?

MALLORY: (vaguely) Ah, like modeling a new line, I guess.

RENEE: The Diffusion Line? Wait, you're going for that.

MALLORY: Yeah. Okay.

RENEE: Okay.

MALLORY: Bye.

르네:	(전혀 믿을 수 없어서) 말 같지도 않은 소리 그만 해요. 자신감이 뭐가 어쨌다고요?
맬러리:	진짜예요. 문제죠. 자존감이 낮아서 고생하고 있어요.
르네:	그 한심한 면상에 한 방 먹였으면 좋겠네요.
맬러리:	저기요. 바로 그런 말이 절 불안하게 해요. '한심한' 같은 말이요. 그건 뭐랄까.. 불안하게 하는 말이에요.
르네:	그런 말을 해서 미안해요. 당신 같은 사람도 차인다니까 저 같은 사람도 괜찮다고 느껴지네요.
맬러리:	(마음이 좀 편해지면서) 뭔지 모르겠지만 저도 좀 나아졌어요.
르네:	다행이네요. 세상에나.
맬러리:	어쨌든, 이제 그만 가봐야 돼요. 릴리 르클레어에 가야하거든요.

몸을 틀어 가방으로 손을 뻗는다.

르네:	(놀라서) 릴리 르클레어요?
맬러리:	네.
르네:	무슨 일 때문에 가는데요?
맬러리:	(애매하게) 새로운 라인 모델 때문인 거 같아요.
르네:	보급형 라인이요? 설마 그거 때문에 간다고요?
맬러리:	맞아요. 그럼.
르네:	그래요.
맬러리:	가 볼게요.

- **struggle** 투쟁하다, 고투하다
- **dumb** 멍청한, 바보 같은
- **lighten** 밝아지다, 가벼워지다
- **vaguely** 막연히, 어렴풋이

It's like a trigger word.
'trigger'는 원래 '(반응 사건을 유발하는) 계기, 도화선'이라는 뜻으로 이 장면에서는 불안에 대한 이야기를 하고 있기 때문에 '불안하게 하는 말'이지만 상황을 유발하는 계기가 되는 모든 것에 쓰일 수 있다.

Zoom In

It's like a trigger word.

불안하게 하는 말이에요.

RENEE: Bye. Feel better. That guy's a dick.

MALLORY: Yeah.

Renee thinks about what she has just heard.

Renee walks into the reception of Lily LeClaire pushing a delivery trolley filled with boxes. She's dressed in brown workers overalls and a bright yellow and red DHL cap, impersonating a delivery person. As she walks in she sees Mallory standing in front of a table in the adjacent meeting room, being interviewed by Avery and two others. She drops the trolley in front of the reception desk with a loud thud. The African-American woman at the desk, in an elegant black evening dress, her hair in a short Mohawk top with shaved sides, flinches.

RENEE: (to receptionist) Morning.

RECEPTIONIST: (to Renee) Hi. It's 3pm? Whatcha got for me?

RENEE: (absent-mindedly, while looking over at Mallory) In terms of what?

RECEPTIONIST: Packages? (indicating the delivery boxes with her eyes) Some of those for me?

RENEE: Ah no. Those are empty. Can I have an Ionic Water? Bottom right. Thanks.

She points to the mini-fridge. Taking the bottle, she looks at it disapprovingly.

RENEE: You should really serve these with a straw and a napkin. I won't hold it against you. Hey do you know if this is something to do with the Diffusion Line?

Indicating with her thumb the meeting with Mallory.

RECEPTIONIST: Yeah, they're casting the face of the line.

RENEE: (peeved) God!

르네: 잘가요. 기분 풀어요. 그 새끼가 나쁜 새끼예요.

맬러리: 네.

르네는 방금 들은 얘기에 대해 생각한다.

르네가 박스로 가득 찬 택배 카트를 밀면서 릴리 르클레어 로비로 들어간다. 배달원인 척 갈색 작업복과 밝은 노란색과 빨간색이 섞인 DHL 모자를 쓰고 있다. 들어가면서 옆에 있는 회의실에서 맬러리가 책상 앞에 서서 에이버리와 다른 두 사람과 인터뷰하고 있는 걸 본다. 안내 데스크 앞에서 쾅 하는 소리와 함께 카트를 내려놓는다. 검정색의 우아한 이브닝 드레스를 입고 옆 머리를 밀어 낸 짧은 모호크 머리를 한 흑인 여성이 데스크에 있다가 움찔한다.

르네: (안내 직원에게) 안녕하세요.

안내 직원: (르네에게) 어서 와요. 3시 택배예요? 뭔데요?

르네: (맬러리를 보면서 얼이 빠져서) 뭘 말하는거죠?

안내 직원: 택배 아니에요? (택배 박스에 눈짓하며)저한테 온 게 있냐고요.

르네: 아니요. 빈 상자예요. 물 좀 주실래요? 오른쪽 아래 있는 거요. 고마워요.

그녀는 미니 냉장고를 가리킨다. 물병을 받으면서 못마땅하다는 듯 쳐다본다.

르네: 빨대랑 냅킨도 같이 줘야죠. 뭐라 하는 건 아니에요. 저기, 저거 보급형 라인 관련된 일이에요?

엄지 손가락으로 맬러리가 하고 있는 미팅을 가리킨다.

안내 직원: 네, 라인 모델을 뽑고 있어요.

르네: (짜증을 내며) 맙소사!

- dick
  바보, 불쾌한 녀석
- overall
  작업복
- Impersonate
  가장하다, 흉내내다
- flinch
  움찔하다
- absent-mindedly
  멍하니, 넋을 읽고
- peeved
  짜증이 난

I won't hold it against you.
hold something against somebody
~때문에 ~를 나쁘게 보다, ~을 거론하여 비난하다

Zoom In

I won't hold it against you.
뭐라 하는건 아니에요.

RECEPTIONIST: They're planning a huge party to launch the whole thing.

RENEE: Yeah. You think it ever occurred to them to cast someone who looks like they would actually buy the products?

RECEPTIONIST: (disdainfully) Someone like you?

RENEE: (smiling, with a look of sudden realization) Yeah. Yes! Someone exactly like me.

Renee is in the bar, now in her own clothes, her phone held to her ear.

RENEE: (phone) Hey Viv. I've been looking everywhere for you guys. I just want to apologize for how I behaved. I'm so sorry. I'm so embarrassed. Please tell Jane, anyway I really want you to meet up with me on Friday, I... I need you. Okay. This is Renee.

OUTSIDE ON THE STREET, NIGHT.

Models strut on a makeshift catwalk while photographers are lined up taking shots of them. Music is pumping. Renee and Mason arrive at the corner opposite. Renee is in a beige trench coat with sunglasses. Mason, in his usual blue-checked shirt, is straining, pulling a heavy cart behind himself. Renee opens a side door to the building and Mason pulls the cart inside while she holds the door.

RENEE: (to Mason) Come on! We're going to miss it.

MASON: (to Renee) This is uphill!

RENEE: (to Mason) This is it. This is the door.

MASON: (with a sense of urgency) Close it.

RENEE: I am.

MASON: (more frantically) Close it.

안내 직원: 제품 출시를 위해 큰 파티를 계획하고 있거든요.

르네: 그렇겠죠. 회사가 실제 구매자처럼 생긴 사람을 뽑을 생각은 안 할까요?

안내 직원: (르네를 무시하듯) 당신 같은 사람을 말이죠?

르네: (갑자기 깨달은 표정으로 웃으면서) 네. 맞아요! 완전 저 같은 사람이요.

르네는 원래 자신의 스타일의 옷을 입고 바에 있다. 핸드폰을 귀에 대고 있다.

르네: (전화로) 저기, 비브. 계속 너희를 찾아다니고 있어. 내가 했던 짓 사과하고 싶어. 정말 미안해. 너무 창피해. 제인한테도 전해줘. 아무튼 금요일에 너희를 꼭 만나고 싶어. 너네가 필요해. 그래, 르네였어.

길거리, 밤.
모델들이 임시로 만든 무대에서 뽐내며 걷고 있고 사진사들은 나란히 서서 사진을 찍는다. 음악이 흘러나오고 있다. 르네와 메이슨은 반대쪽 길가에 도착했다. 르네는 베이지색 트렌치 코트를 입고 선글라스를 끼고 있다. 평상시에 입는 파란색 체크무늬 셔츠를 입은 메이슨은 낑낑거리며 무거운 카트를 당기고 있다. 르네가 건물의 옆문을 열고 문을 잡고 있는 동안 메이슨이 안에서 카트를 끌어당긴다.

르네: (메이슨에게) 빨리 와요! 이러다 늦겠어요.

메이슨: (르네에게) 오르막이에요!

르네: (메이슨에게) 여기예요. 이 문이요.

메이슨: (다급하게) 닫아요.

르네: 닫고 있어요.

메이슨: (더 다급하게) 닫으라고요.

- **makeshift** 임시변통의
- **catwalk** (패션쇼장의) 무대
- **strain** 안간힘을 쓰다

They're planning a huge party to launch the whole thing.
주어의 'they'는 말하는 화자가 듣는 청자가 알고 있는 집단의 사람들을 말할 때 사용하며 'be+ing' 형태는 현재 진행중이라는 것을 나타낸다.

Zoom In

They're planning a huge party to launch the whole thing.

제품 출시를 위해 큰 파티를 계획하고 있거든요.

RENEE: Don't yell at me. I'm closing it.

When the door closes behind them, a sign reading "Loading in or out of this area strictly forbidden" can be seen. Inside, Mason pushes the cart past stacks of empty plastic and metal racks and metal cabinets, as if they are in the back section of an industrial kitchen. Renee checks a piece of paper she is holding.

RENEE: Act like you've been here before. Act like you work here.

MASON: I can't lose my job, alright. I'll have to move back in my Aunt's. She calls me Meat Parry. She drinks too much.

RENEE: Why didn't I hear about this when we worked together. This would be fun banter.

MASON: Yeah.

RENEE: (They turn a corner.) Okay just keep it cool.

INSIDE.

A packed crowd is assembled in front of a projecting stage bordered by two large screens showing the same image of a prone woman and the message Lily LeClaire–celebrating 50 years of beauty. Avery walks on to the stage from the wings and into the glare of the spotlight shining into the center. The gathered crowd applauds, and she walks along the stage into the crowd, clutching a microphone. She stops halfway and starts to speak in her high-pitched voice.

AVERY: (to all) Good evening. And thank you for all for coming tonight. We're so pleased to have you here.

Back-stage, Mason sits down at a computer and starts frantically typing.

르네: 소리지르지 말아요. 닫고 있잖아요.

그들 뒤로 문이 닫히고 "적재 금지 구역"이라고 쓰인 표지판이 보인다. 안에서 메이슨이 카트를 밀면서 빈 플라스틱 더미와 금속 선반, 금속 캐비닛을 지나간다. 그들은 공장 내 부엌의 뒤편에 있는 것 같다. 르네는 들고 있는 종이를 확인한다.

르네: 여기 왔던 것처럼 해요. 일하는 것처럼요.

메이슨: 저 짤리면 안 돼요. 그럼 고모집으로 다시 들어가야한다고요. 고모는 나를 돼지라고 놀리고 술도 끔찍하게 많이 마셔요.

르네: 같이 일할 땐 왜 안 말했어요? 이런 재미있는 얘기를.

메이슨: 그러게요.

르네: (모퉁이를 돌아서) 좋아요. 일단 침착해요.

실내.
사람들이 꽉 들어차 있고, 앞에 프로젝트가 쏘아지고 있는 무대와 양 옆으로 커다란 스크린이 있다. 두 개의 스크린엔 엎드려 있는 여성의 이미지와 릴리 르클레어-아름다움과 함께한 50주년 이라는 메시지가 나온다. 에이버리가 무대의 끝에서 나와 중앙을 비추는 스포트라이트의 빛 안으로 걸어간다. 모여있는 관객들은 박수를 치고 에이버리는 마이크를 움켜쥐고 무대를 따라 관객 쪽으로 걸어간다. 중간쯤에서 멈춰 하이톤의 목소리로 말하기 시작한다.

에이버리: (모두에게) 안녕하세요. 와주셔서 감사해요. 모시게 되어 정말 기뻐요.

백스테이지, 메이슨이 컴퓨터 앞에 앉아 미친듯이 타이핑을 친다.

- **rack**
  받침대, 선반
- **bordered**
  단을 댄, 테를 두른
- **prone**
  (배를 바닥에 대고) 엎드려 있는
- **glare**
  환한 빛

Act like you've been here before.
'act like'는 '~ 답게 굴어라' 라는 의미로 'behave as though'와 같이 쓰인다. 'have been'은 과거에 그 장소에 있었던 경험을 말할 때 쓰이는 구문으로 지금까지 지속되는 물리적 상태를 말하진 않는다.

Zoom In

Act like you've been here before.
여기 왔던 것처럼 해요.

AVERY: This is an exciting evening for Lily LeClaire, for you and for me. When my grandmother first started this company in the year 1200 A.D. (Pause for laughter, but the crowd remains silent.) It's a long-long time ago, she had only one thousand dollars...Again, that was a long time ago...inflation, so...so that would be different now. And... (Mason keeps typing and suddenly the lights go out. Avery is flustered.) That wasn't supposed to happen. Would, would, could somebody... Is there anybody here? Technical support?

Avery turns 360 degrees, desperate.

AVERY: Anybody who's technical or support?

She walks back and off stage right.

AVERY: (to herself) Stupid bitch you're such a failure...

Mason is in control. Out in the auditorium, music starts, and the blank screen center-stage lights up with the shadow of a woman behind it moving awkwardly. People in the crowd look at each other, unsure if this is meant to be happening. The figure behind the stage runs forward and crashes into the screen from behind with a solid thud. It's clearly Renee. She turns and runs back for another attempt to crash through the screen. There's another loud bang as she crashes into it again, obviously expecting it to give, but the screen is solid and strong. She tries and fails again. The crowd gasps. Vivian and Jane both put their hands up to their mouths. Renee starts limping to the side of the screen and comes out onto the stage.

에이버리: 릴리 르클레어에겐 정말 즐거운 저녁이에요. 여러분에게도 저에게도요. 저희 할머니께서 처음 이 회사를 만드셨을 땐, 1200년이었어요. (웃음소리를 기대하지만 관객들은 조용하다.) 아주 오래 전이었죠. 할머니는 1,000달러만 가지고 시작하셨죠. 다시 말하지만 아주 오래전이었고, 인플레이션 때문에, 아무튼 지금이랑은 달랐죠. (메이슨이 계속 타이핑을 치고 있고 갑자기 빛이 꺼진다. 에이버리가 당황한다.) 이러면 안 되는데. 누가 좀… 누구 없어요? 기술 지원팀 있어요?

에이버리가 한 바퀴 돌아 행사장을 둘러보며 절박하게 찾는다.

에이버리: 기술부나 지원부서 아무나 없어요?

그녀는 돌아서서 무대 오른쪽으로 나간다.

에이버리: (혼잣말로) 멍청한 년. 넌 정말 구제불능이야…

메이슨이 장비를 제어하고 있다. 밖의 객석에 음악이 시작되고 무대 가운데에 있는 빈 화면에 빛이 켜진다. 그 뒤에서 한 여성의 그림자가 어색하게 움직이고 있다. 객석에 있는 사람들이 무슨 일인지 어리둥절해하며 서로 쳐다본다. 무대 뒤에 그림자가 앞으로 뛰어오며 쾅 하는 소리와 함께 스크린 뒤에서 부딪친다. 누가 봐도 르네다. 다시 뒤로 돌아 가서 스크린을 뚫고 나가려고 시도한다. 다시 부딪치며 또 한번 쾅 소리가 난다. 뚫릴 줄 알았지만 스크린은 단단하고 튼튼하다. 르네는 또 다시 시도하지만 실패한다. 사람들이 놀란 소리를 낸다. 비비안과 제인이 손으로 입을 막는다. 르네가 절뚝거리며 스크린 옆으로 가서 무대로 나온다.

- auditorium
  객석, 강당
- awkwardly
  어색하게, 서투르게

Is there anybody here?
문장의 진짜 주어는 'anybody' 이지만 형태 상 주어자리에 있는 것은 'there' 이기 때문에 의문문일 때는 'there'과 동사가 도치된다.

Zoom In

Is there anybody here?

누구 없어요?

RENEE: (to all) I thought that was going to bust easier. Um...Hello. My name is Renee. And ah some of you know me... as this woman.

Mason punches a button back-stage, and an image of Renee as the smiling Lily LeClaire receptionist appears on the screen to her right.

RENEE: Glamorous. Flawless. Perfection. But that's not the real me.

She points to the screen on her left, where the image of her sitting at her desk in the Chinatown warehouse appears. There is a murmur through the crowd as people try to comprehend. Both images of her look the same.

RENEE: This is the real me. I know, these women look nothing alike. But they' re both me. Take a second to process it. But in this industry. I only felt wanted when I looked like this.

A new image appears on both screens of her on the corporate jet with Grant.

GUEST: (to friend) I think she's crazy.

RENEE: Now when I looked...

She stops and pauses to take in both images from before, She looks the same in both–as the receptionist and when she worked at the warehouse. At the back, Grant appears next to Avery, holding a drink.

르네: (모두에게) 쉽게 찢어질 줄 알았는데. 음… 안녕하세요. 저는 르네예요. 어떤 분들은 절 이 사람으로 알고 계시겠죠.

메이슨이 백스테이지에서 버튼을 누르고 릴리 르클레어의 안내 직원으로 일하는 르네의 미소 짓는 모습이 오른쪽 화면에 나온다.

르네: 화려하고. 흠 잡을 데 없고. 완벽한. 하지만 이건 진짜 제가 아니에요.

왼쪽 화면을 가리킨다. 거기엔 차이나타운 창고 책상에 앉아있는 르네의 모습이 나온다. 사람들이 상황을 파악하려고 웅성웅성거린다. 두 모습은 똑같아 보인다.

르네: 이 쪽이 진짜 제 모습이죠. 물론, 이 화면의 두 여성은 하나도 닮은 데가 없죠. 하지만 둘 다 저예요. 이 두 사람을 천천히 살펴보세요. 그런데 이 업계에서 제가 환영받는다고 느꼈던 건 바로 이 모습이였을때죠.

양쪽 화면에 그랜트와 전세기에 있었을 때 찍은 새로운 이미지가 나온다.

게스트: (친구에게) 정신 나갔나봐.

르네: 이런 모습일 땐…

르네가 멈춰서 전에 나왔던 두 개의 이미지를 자세히 본다. 안내 직원일 때와 창고에서 일할 때 모두 같은 모습이다. 뒤에서 에이버리 옆으로 그랜트가 술을 들고 나타난다.

- **bust**
  부수다, 고장 내다
- **glamorous**
  화려한, 매력이 넘치는
- **murmur**
  속삭이다, 소곤거리다

Take a second to process it.
'a second'는 글자 그대로 해석하면 '1초'를 의미하지만 '약간의 시간'을 뜻할 때 주로 쓰인다.

Zoom In

Take a second to process it.
이 두 사람을 천천히 살펴보세요.

RENEE: (to herself) There was no magic. That's me. That's me, they're both me. That's me. I did all this as me. (to the crowd) When we're little girls. We have all the confidence in the world. We let our bellies hang out. And we just dance and play and pick our wedgies. (laughter from the crowd) And then these things happen, that just make us question ourselves.

People are all listening intently, nodding in agreement.

RENEE: Somebody says something mean to you on the playground...and then we grow up. And then you doubt yourself over and over again until you lose all that confidence. All that self-esteem, all that faith you started with is gone. But what if we didn't let those moments get to us? What if we were stronger than that? Right? What if we didn't care about how we looked? Or how we sounded? What if we never lost that little girl confidence? What if when someone tells us that we aren't good... or thin or pretty enough we have the strength and the wisdom to say what I am is better than all of that.

Cheer and rising applause. Back-stage, Mason is grinning broadly.

르네: (혼잣말로) 마법이 아니었어. 나잖아. 나, 둘 다 나야. 나였어. 계속 나였던 거야. (관객에게) 우리가 어린 소녀일 땐, 세상 누구보다 자신감이 넘치죠. 배가 나오든 말든 춤추고 놀고 엉덩이에서 낀 바지를 빼내고. (관객들이 웃는다.) 그러다 언제부턴가 스스로 의심하기 시작해요.

사람들이 모두 집중해서 듣는다. 공감하며 고개를 끄덕인다.

르네: 누군가 놀이터에서 당신에게 못된 말로 상처를 주고… 그러면서 우리는 성장해가죠. 그렇게 성장해가면서 또 계속해서 스스로를 의심하다가 결국 자신감을 모두 잃어버려요. 갖고 있던 자존감과 믿음까지 다 사라지죠. 그런데 만약 우리가 이 모든 순간들이 우리를 괴롭히지 못하도록 했었다면 어땠을까요? 우리가 더 강해서 그 모든 것들을 이겨낼 수 있었다면요? 그렇죠? 우리가 외모에 신경 쓰지 않았다면? 목소리에 신경 쓰지 않았다면? 그 어린 소녀의 자신감을 잃지 않았다면요? 누군가 우리에게 착하지도 않고, 마르지도 않고, 예쁘지도 않다고 말할 때, 현명하고 당당하게 내 모습 그대로가 그 무엇보다 낫다고 말할 수 있었다면 어땠을까요.

환호성이 울리고 박수소리가 커진다. 백스테이지에 있는 메이슨이 활짝 웃는다.

- **belly**
  배
- **wedgie**
  바지 뒤춤을 잡고 들어올려 바지가 엉덩이 사이에 끼게 하는 것
- **grin**
  활짝 웃다, 크게 웃다

And then you doubt yourself over and over again until you lose all that confidence.
'until'은 '~까지'라는 의미를 가지고 있지만 발생하는 일의 전후관계에 따른 해석이 가능하고 더 자연스럽다.

Zoom In

And then you doubt yourself over and over again until you lose all that confidence.

계속해서 스스로를 의심하다가 결국 자신감을 모두 잃어버려요.

RENEE: Because what I am...Is me! I'm me! And I'm proud to be me! And if you ever get the chance...to hang out with me or my friends. My amazing perfect friends.
Well all I have to say to you is you're welcome. Mason, hit it. (Jane's image appears on both screens.) We are real women. We are. What a great thing to be. A real healthy just strong, funny, kick ass chick! This new line of products won't change your life. Only you can do that. And you can do that. Believe me. But this line is for every girl who is ready to believe in herself!

The crowd cheer. Avery clenches her fists in triumph.

RENEE: You are beautiful! You are everything! And you are the real face of this line! And we are all the face...of Lily LeClaire! (loud applause)

MASON: (standing and pumping his fist) (shouting) You go Renee!

GRANT: (to Avery) You picked a good one you know!

Avery looks thoughtful.
Renee runs off, triumphant. She stops abruptly when she sees Avery standing in front of her.

르네: 왜냐하면 지금의 내 모습 그대로가 바로.. 나니까! 이게 나예요! 그리고 지금의 내가 자랑스러워요! 그리고 여러분들이 저나 제 친구들이랑 함께 할 기회가 있다면. 제 멋지고 완벽한 친구들이랑 말이죠. 제가 말할 수 있는 건 여러분을 언제나 환영할 거라는 거예요.

메이슨, 틀어줘요. (제인의 모습이 양쪽 화면에서 나온다.) 우린 진정한 여성이에요. 그게 우리예요. 정말 멋진 존재죠. 건강하고, 강하고, 재미있고, 끝내주는 여자들! 이번에 나오는 새 라인이 여러분의 인생을 바꾸진 않을 거예요. 그건 오직 여러분만 할 수 있는 일이죠. 그리고 여러분은 할 수 있고요. 절 믿으세요. 우리의 이 새로운 라인은, 바로 그렇게 스스로를 믿는 이 세상 모든 여성들을 위한 제품입니다!

관객이 환호한다. 에이버리는 이긴 것처럼 주먹을 꽉 쥔다.

르네: 여러분은 아름다워요! 여러분이 이 라인의 진정한 얼굴이자 전부예요! 우리 모두가 릴리 르클레어의 얼굴이죠! (큰 박수)

메이슨: (일어서서 주먹을 흔들며 소리친다) 잘한다, 르네!

그랜트: (에이버리에게) 제대로 뽑았네.

에이버리는 생각에 잠긴 것 같다.
르네는 득의만면해서 뛰어 나간다. 에이버리가 앞에 서 있는 걸 보고 갑자기 멈춰 선다.

- **hang out with**
  ~와 시간을 보내다
- **clench**
  꽉 쥐다
- **in triumph**
  의기양양하여, 대승을 거두어
- **pump**
  흔들다, 움직이다
- **triumphant**
  크게 성공한, 득의만면한

All I have to say to you is you're welcome.
'All (I have to say to you) is you're welcome.' 괄호 안의 문장이 앞에 있는 'all'을 수식하여 괄호 안에서 설명하고 있는 상황 전체를 의미한다.

Zoom In

All I have to say to you is you're welcome.
제가 말할 수 있는 건 여러분을 언제나 환영할 거라는 거예요.

JANE: Oh my God!

AVERY: (to Renee) That was super weird. And also very effective.

RENEE: (to Avery) Thanks.

AVERY: Do you know we offer a mental health program at work.

RENEE: I still have a job? (Avery laughs and reaches out to hug Renee.) Okay, I'm gonna go say hi to some people.

Renee goes back out to see Vivian and Jane. Lily walks up to Avery.

LILY: (Pleased) Avery? They're going crazy for all this.

AVERY: Let's be honest. We both know, that's for Renee.

She turns to look at the crowd. Renee is hugging Vivian and Jane.

LILY: Sweetheart, Renee wouldn't be here without you. None of us would.

AVERY: Oh Gram'. (they hug.)

Renee is walking down the street, still in her trench-coat. She walks up the steps to Ethan's apartment and presses the intercom buzzer.

ETHAN: (intercom) This is Ethan.

제인: 세상에!

에이버리: (르네에게) 진짜 묘했지만 정말 효과적이었어.

르네: (에이버리에게) 감사해요.

에이버리: 회사에 정신 건강 프로그램 있는 거 알지?

르네: 저 안 잘린 거예요? (에이버리가 웃으면서 손을 뻗어 르네를 안는다.) 그럼, 가서 인사 좀 하고 올게요.

르네가 비비안과 제인을 보러 다시 나간다. 릴리가 에이버리에게 다가온다.

릴리: (기뻐하며) 에이버리? 다들 난리가 났어.

에이버리: 솔직히. 다 아시잖아요. 르네 덕분이에요.

그녀는 몸을 돌려 관객들을 본다. 르네는 비비안과 제인과 포옹하고 있다.

릴리: 얘야, 아니란다. 네가 있기에 르네도 있고 우리도 있는 거란다.

에이버리: 할머니. (두 사람이 포옹한다.)

르네는 똑같은 트렌치 코트를 입고 길을 걷고 있다. 이든의 아파트 계단을 올라가서 인터폰 버튼을 누른다.

이든: (인터폰으로) 이든입니다.

- intercom
  인터콤, 인터폰

Renee wouldn't be here without you.
'wouldn't be here without you' 표현은 당신이 없었으면 주어로 들어가는 대상도 없었을 것이라는 뜻으로, 주로 감사의 의미를 전달하거나 당신이 얼마나 중요한 사람인지리 말할 때 사용하는 표현이다. 당신이 있었기에 오늘의 내가 있었다는 의미를 표현할 때 쓸 수 있는 가정형 표현이다.
ex) Mom, I wouldn't be here without you.

Zoom In

Renee wouldn't be here without you.

네가 있기에 르네도 있어.

RENEE: (intercom) Hi it's me. Renee. I know you probably don't want to see me right now. But... I just... but just please hear me out. Okay. (nervously picking her nose) I am so sorry for how I acted the other night. I know this is hard to believe, but it has nothing to do with how I feel about you. And everything to do with my feelings about me. And I ahh... this is going to sound so crazy, but I thought that you thought that I was the most beautiful woman in the world.

Ethan bursts out the door onto the landing.

ETHAN: (to Renee) Hey.

RENEE: (softly) Hey.

He walks up the steps to stand in front of her.

ETHAN: I do think that you're the most beautiful woman in the world. Just let me real quick... cause it was killing me...

RENEE: What?

ETHAN: You were like struggling with it.

RENEE: (mortified) You could see?

ETHAN: Yeah, well I saw...

RENEE: That's a camera!

ETHAN: Yeah.

RENEE: You could see me that whole time?

ETHAN: Renee, I've always seen you.

르네: (인터폰으로) 나예요, 르네. 절 안보고 싶겠지만… 그냥… 말이라도 들어줘요. 그래요. (신경질적으로 코를 후비면서) 지난 번에 그렇게 해서 정말 미안해요. 그게.. 믿기 어렵겠지만, 당신에게 가진 감정이랑은 아무 상관 없어요. 전부 제 자신에 대한 감정이 문제였어요. 그리고 난… 미친 소리 같겠지만 당신이 날 세상에서 제일 아름다운 여자로 보는 거 같아서.

이든이 문밖으로 나가서 1층으로 올라간다.

이든: (르네에게) 르네.
르네: (다정하게) 이든.

이든이 계단을 올라가 르네 앞에 선다.

이든: 나는 정말로 당신이 세상에서 제일 아름답다고 생각해요. 그리고 이건 내가 얼른 떼어 줄게요. 보기가 좀 그래서…
르네: 뭐라고요?
이든: 계속 떼어 내려고 애쓰던데.
르네: (창피해 하면서) 다 봤어요
이든: 네, 일부러 보려고 한 건 아니지만…
르네: 저거 카메라예요?
이든: 네.
르네: 그래서 처음부터 보고 있었다고요?
이든: 르네, 전 항상 당신을 보고 있었어요.

- hear somebody out
  ~의 말을 끝까지 들어주다
- mortify
  굴욕감을 주다, 몹시 당황하게 만들다

I am so sorry for how I acted the other night.
'I am so sorry for (the way) how I acted the other night'가 완전한 문장으로 how 앞에 the way가 생략되었으며 두 단어는 동시에 쓸 수 없기 때문에 반드시 하나는 생략해야 한다.

Zoom In

I am so sorry for how I acted the other night.
지난 번에 그렇게 해서 정말 미안해요.

They kiss affectionately.

SOUL CYCLE.

Luna walks into the exercise room, arms raised. Everyone cheers.

LUNA: (out loud) What's up Soho! You ready to change your life!

RENEE: (out loud) Yes!

LUNA: (out loud) I don't know what you came in here for today, but the miracle is already here! You just have to open up your heart and receive it! I want you to look into the mirror and visualize the change you came in here for. Is it spiritual? Is it physical? Is it emotional?

Renee, center, pedals vigorously, looking satisfied.

두 사람은 다정하게 키스한다.

소울 싸이클.
루나가 사이클룸으로 들어와 팔을 올린다. 모두 환호한다.

루나: (크게) 안녕하세요, 소호! 인생을 바꿀 준비 됐나요!

르네: (크게) 네!

루나: (크게) 오늘 여러분이 뭐 때문에 여기에 왔는지 모르겠지만, 기적은 이미 이 곳에 있습니다! 마음을 열고 받아들이세요! 거울을 보면서 이곳에 와서 얻고자 하는 변화된 당신의 모습을 그려보세요. 정신적인 변화인가요? 신체적인 변화? 감정적인 변화?

르네는 가운데서 만족스러운 표정으로 열심히 페달을 밟고 있다.

- affectionately
  애정을 담아

I don't know what you came in here for today.
'what for'는 무엇때문에의 이유를 강조하여 물을 때 사용하는 표현이다.
ex) What did you do that for?
What are you emptying that drawer for?

Zoom In
I don't know what you came in here for today.
오늘 여러분이 무엇 때문에 여기 있는지 모릅니다.

Movie Talk

Lookism & Discrimination

이 영화의 두 주인공은 외모와 직업에 대한 편견과 선입견을 그대로 보여주며 보통 사람들의 모습을 투영하고 있다. 우리 모두는 여성은 날씬하거나 마르고 예뻐야 하고, 남자는 남성다워야 한다는 등의 여러 가지 편견과 싸워왔다. 외모와 직업, 취미, 패션 등 외적으로 보여지는 모습으로 판단하고 판단되어 왔으며, 이러한 옳지 않은 사고방식을 자신도 모르게 시대를 거듭하며 답습하며 내려갔다. 이런 편견과 선입견은 국가, 인종, 문화 등 인간과 연결된 모든 것에 악영향을 미치고 결국은 역사를 좌지우지하며 되풀이된 것이 아닐까.

다양한 겉모습과 다양한 스타일, 다양한 취향 등 인간의 모습은 이런 다양성으로 그 가치와 품격이 오히려 높아질 수 있을 것이다. 무리와 비슷하게 보이고 싶어 하는 본성의 이면에 그래도 튀고 싶은 욕구가 공존하는 것이 사람의 심리라서 그런지 우리는 자주 옳고 그름의 사리분별을 잃어버리는 경향이 있는 것 같다. 외모가 중요한 것이 아니고 인성이 중요한 것이라는 진부한 진리를 자꾸 망각하고 저마다의 콤플렉스로 스스로를 평가절하 하는 일이 너무 많다. 재벌 금수저, 명문 학력, 뛰어난 업무능력, 미모, 착한 인성, 날씬한 몸매 등 외적으로 완벽해 보이지만 목소리라는 단하나의 콤플렉스로 휘둘리는 에이버리에게서 이 영화는 외적 요소들과 기준의 허무함을 역으로 증명해주는 것 같다. 주인공인 르네와 이튼이 자신의 진정성을 찾아나가는 과정은 말할 것도 없고, 인간 본성의 민낯을 다시 돌아보게 하는 요소들이 허리우드식의 유머로 곳곳에 표현되어 있다.

RENEE: So what do you do?

ETHAN: I'm at CNN.

RENEE: Oh.

ETHAN: Working in operations. It's not what I want to do. I'm trying to segue into being a cameraman.

RENEE: Oh.

ETHAN: But it's sort of a boys club over there. So I can't just... What?

RENEE: Well only girls complain about things being a boys club.

ETHAN: Yes, good point, but I mean it's like a different breed of like boys club. Like tattoos. C-class drivers licences.

RENEE: I'm sure you're just in your head about...

ETHAN: They call me Wheat Thin...

RENEE: Oh because of Ethan. That's clever.

ETHAN: Wheat Thin-Ethan... That is it!

RENEE: Hot dog...

ETHAN: Wheat Thin-Ethan... That's not even as bad as what I thought they meant.

우리나라와 마찬가지로 방송국에서 일한다는 것은 대단한 일이고, 어디에서 말해도 자랑스러운 직업이라고 할 수 있다. 더군다나 세계적으로 잘 알려진 CNN에서 일을 하는 이튼은 자랑할 만 하지만 그가 일하는 분야는 전화 상담 쪽이다. 이것은 우리나라와 마찬가지

로 맡을 수 있는 일 중에 낮은 일이라고 볼 수 있다. 이튼 자신은 바로 변명처럼 하고 싶은 일은 아니지만 나중에 카메라맨이 되기 위해서 시작한 일이라고 말한다. 이처럼 어쩔 수 없이 미니멈 페이를 받고 하는 일이라고 볼 수도 있다.

그리고 이튼은 계속해서 Boy Club같다고 말한다. 일반적으로 미국에서 Locker room talk라고 남자들만 있는 공간에서 다른 여자의 흉을 보거나 뒷이야기를 많이 한다. 또한 우두머리 같은 알파 남성이 존재하여 장난처럼 조금 약해보이는 사람을 놀리거나 아니면 흉을 보는 일도 많이 있다. 이튼이 Boy Club이라는 단어를 써서 Man이 아닌 Boy라고 했는데, 수준이 좀 낮거나 아니면 유치한 것을 가지고 일삼는 일에 대해서 말하고 있다. 그 단적인 예로 문신이나, C-class 운전면허증을 들고 있다.

미국의 경우, 주별로 요구하는 운전면허 시험점수가 다 틀리고, 법도 틀리고 기준도 틀리다. 여기는 뉴욕주이기 때문에 뉴욕주 기준으로 말하자면, Class D, Class DJ, Class M, Class MJ, Class

E Commercial Class A, Commercial Class B 그리고 마지막으로 Commercial Class C가 있다. 우리나라로 치면 1종부터 2종 자동 같은 느낌인데, 매우 상세하게 나눠져 있다. 트럭도 사이즈별로 다른 운전면허증이 필요하고 본인의 건강상태 (시력, 색맹, 등등)에 따라서 나가는 단계가 다 다르다. Class C의 경우 2종 자동과 비슷한 수준인데, 누구나 당연히 딸 수 있는 운전면허증이라고 보면 된다. 특히 우리나라와 달리 운전면허를 따지 않으면 신분증이 여권 외에는 없는 미국이라서 거의 누구나 다 운전면허를 따는 것이 당연하게 되어있다. 이때 Class C이면 가장 낮은 등급으로 가장 기본적인 차를 운전한다는 것이다. 그러니 이튼이 말하는 동료들은 딱히 트럭을 운전하거나 대단한 것이 아니라 아주 기본적인 것만 하는 동료들에 둘러싸여져 있다는 뜻도 된다.

문신은 근래에 또 다른 패션으로 인식되고 있다. 요새 국내에서도 많은 사람들이 문신을 한 것을 볼 수가 있다. 이제는 대중화가 되어서 예전에 조폭만 문신한다는 선입견이 없어진 상태이다. 미국의 경우에는 문신의 대중화가 전부터 쭉 이루어지고 있어서, 누구나 쉽게 할 수 있는 것이라고 볼 수 있다. 그런데 이튼의 동료들은 이렇게 대중화된 것에 특별히 따로 관심을 가지고 이야기 거리로 만든다는 것은 어른보다는 어린이에 가깝다고 이해할 수 있다.

Wheat Thin은 Wheat의 이미지 때문에 하는 이야기 인데, 미국에서는 wheat를 먹으면 건강식에 해당한다. 이것을 대체적으로 챙겨먹는 사람은 다이어트를 하거나 몸매를 유지하거나 하는 사람인데, 일반적으로 마른 사람들이 많이 챙겨먹는 편이다. 사람에게 Wheat이라고 하는 이유는 너무 말랐거나 아니면 유약해 보일 때 사용된다. 영화에서는 Wheat thin Ethan이라고 부르는 것은 Ethan이 마르고, 그리고 맥이 없다는 식으로 비유해서 사용되었다는 것을 알 수가 있다. 물론 르네는 이것을 이름과 발음이 rhyme이 맞는다는 이유로 해석하니 이튼도 그다지 큰 문제가 아니라고 느끼며, 오히려 생각보다 부정적인 뜻도 없다고 보면서 자신의 별명에 대해서 다시 생각하게 된다.

MC:	...keep it going for Renee Bennett? Renee Bennett..
MC:	Whoa, are you here for the Barback job or...? You're in the contest? Okay.
RENEE:	(TO MC) I got it. I got it.
MC:	You got it?
MC:	Okay.
RENEE:	Hello everyone, I am Renee! As advertised!
RENEE:	Renee hails...
RENEE:	...from the Long Island and she is a receptionist. Hollar!
RENEE:	Renee enjoys...
RENEE:	...watching people trying to cover...
RENEE:	...up their disappointment from their dreams being shattered on shows such as...
RENEE:	...Antiques Road show and Shark Tank.

먼저 영화에서 MC가 르네에게 Barback job에 일하러 온 것이냐고 물어본다. 무거운 술통을 나르는 직업이다. 우리나라 술집은 대체적으로 병별로 파는 것에 비해, 미국 술집은 하우스 맥주를 더 많이 판나. 그리고 우리나라는 소주가 인기있는 것치럼 미국은 맥주를 더 마신다. 우스갯소리로 미국의 광고를 보고 있으면 미국 사람은 그릴로 구운 고기와 맥주만 먹느냐고 할 정도로 광고도 많고 이런 모습으로 많이 알려져 있다. 이처럼 맥주의 소비량이 많기 때문에 술집에서는 맥주를 대량으로 구비를 해놓는다. 엄청 무거운 양의 맥주를 옮기고 해야하기 때문에 덩치가 큰사람이 주로 한다. 여기서는 르네의 덩치를 보고 물어본 것으로 보면 된다. 하지만 Barback job은 무거운 술통만 나르는데서 그치는 것이 아니다. 바 뒤에서 허드렛일을 다 맡아서 하는데, 설거지부터 해서 모든 정리까지 다 맡아서 한다. 어떻게 보면 바텐더나 서빙을 하기 전에 인턴 같은 직업이라고 보면 알맞다.

TANGIPAHOA RIVER